GÉNÉRATION T
POUR LA TERRE

Collection
La Fabrique de territoires

GÉNÉRATION T
POUR LA TERRE

Emma Delages
Mathéo Fradet
Gabriel Guérin
Juliette Hazard
Laura Iapadre, *1er prix*
Félix Lacoin
Nicolas Parisi
Clémence Prévost
Isabelle Schwengler

éditions
Terre Urbaine

AVANT-PROPOS

Anne-Solange Muis

Nous sommes tous de passage sur cette Terre. Le dire ou l'écrire est une évidence, mais le ressentir jusque dans les fibres de sa chair est de l'ordre d'une prise de conscience existentielle, qui rappelle à notre corps les relations intimes tissées avec elle, souvent trop ténues et éphémères. Comme celles et ceux de ma génération et des précédentes, j'ai l'impression de me trouver à cet instant de bascule où l'on s'apprête à franchir le pas qui conduit à la finitude de nos jours. Alors je me retourne avant de poursuivre la route pour questionner le monde qui m'a vue grandir et devenir. Comme toutes et tous, je constate un environnement déformé, abîmé, usé, et je peine à cueillir l'espérance d'un avenir meilleur. Je m'interroge sur mes contributions, que je souhaitais davantage réparatrices. Je me questionne sur ce que je lègue aux plus jeunes qui, demain, viendront à leur tour tisser des histoires de territoire. Quels espoirs leur laisserons-nous ? Quels environnements, quels paysages, quelles lumières pourront-ils transmettre à leurs enfants ?

À la lecture de leurs textes, je me rends compte que ces doutes et ces questionnements, ils les partagent avec moi. À leurs yeux, la Terre ne peut espérer de lendemains qui chantent, elle a été trop profondément altérée par l'homme. Elle n'est plus qu'une vieille carcasse délabrée. Et plutôt que de reconnaître ses torts, l'homme poursuit ses dégâts immanquablement. Au pire, il cherche un *ailleurs* où il pourrait poursuive ses exactions. Dans cette migration pionnière, instinctive, aucune échelle, aucune géographie ne l'arrête : alors pourquoi pas, demain, une nouvelle planète ou même la Lune ? Rien ne retient sa soif insatiable de conquête territoriale. En tous les cas, l'avenir n'est pas ou plus sur Terre, c'est du moins ce que ressent la « Génération T ». Il n'a plus de couleurs, plus de sons, plus de sens, plus de vie pour animer les pulsations joyeuses de la nature réduite au minéral inerte, poussiéreux et vide. La pollution, les effets du réchauffement climatique, la destruction par l'homme de son habitat auront eu raison du vivant. Resteront alors l'artifice, la technique, et la machine pour faire fonctionner le peu de société encore en état de marche. Tout sera guidé par l'intelligence artificielle qui considérera le corps humain comme une seconde peau, et le remplacera jusque dans la moindre goutte de sang. Ce qui restera d'humanité, de sensible ou même de pulsion chez l'individu aura été peu à peu remplacé par des puces électroniques qui guideront et dicteront ses moindres faits et gestes. Tout sera contrôlé, formaté, algorithmé comme le serait une machine robotisée. Le numérique aura endormi nos instincts, la vie se sera progressivement réglée sur une série de gestes fonctionnels et même les émotions se seront éteintes dans les gigaoctets de nos veines devenues fibres. @, # et compagnie supplanteront nos mots et nos langages devenus universels et continuellement réduits, raccourcis au point de finir étouffés dans un algorithme. Plus de langue, plus de ressentis, donc plus de territoire. Dans ce contexte, il ne restera que la mémoire vive et artificielle pour rappeler à l'individu son monde d'avant, celui dans lequel il avait encore un lien avec la nature. Ce monde vivant qu'il n'a pas su préserver ni conserver, et qu'il a détruit par manque d'intérêt ou de respect.

Et si seulement il avait saisi l'opportunité du changement... Si seulement, au lieu de laisser la machine et la modernité prendre le dessus, il avait écouté les cellules de son cœur le guider vers l'écho de la Terre... En serions-nous là aujourd'hui, si proches de ce dessein apocalyptique du monde ? Car c'est bien sur ce constat que les textes de ces jeunes convergent : si seulement on avait écouté notre rapport instinctif au vivant – qui n'est pas seulement humain – et que l'on avait pris soin de ce qui nous entoure... Les nouvelles des jeunes auteurs montrent à quel point l'homme est en lien avec son environnement et à quel point la Terre détermine son « être-au-monde ». Car s'il peut transformer la nature et la réduire à un vaste champ de poussières, il peut également s'en inspirer, puiser l'imagination nécessaire à son développement, observer la façon dont celle-ci fonctionne pour apprendre, s'émerveiller et se dépasser grâce à elle. C'est dans le vivant que l'individu comprend son rapport au monde et attribue un sens à son existence. C'est dans le vivant, le soin, la bienveillance qu'il lui adresse que l'homme fait territoire, qu'il trouve sa place, s'intègre, et existe. Sans la Terre, sans ses paysages, sans ce qui l'environne, sans ce qui projette l'individu dans l'ailleurs, l'existence humaine n'a pas de sens. Pour exister et pas seulement vivre, il doit ressentir et s'émouvoir, être sans cesse ébranlé par la nature qui lui permet de frayer son chemin. Cette relation très forte, sensible et poétique à la Terre et aux paysages est présente dans chacune de ces nouvelles. C'est une quête d'harmonie entre le biotope et la biocénose que ces auteurs magnifient, non sans relever d'innombrables défis...

Il y a peu d'espérances qui s'offrent à eux, mais l'une ressort de leur production : c'est la puissance de l'expérimentation. En effet, l'épreuve de la Terre par l'art et le corps leur confère une complicité heureuse avec elle. Construire, bâtir *avec* et *pour* la nature ; regarder le monde avec confiance en réparant les horreurs du passé ; *faire avec*, mais mieux qu'avant, voilà les solutions pour être-au-monde malgré tout. La nature s'avère résiliente, chacune et chacun doit s'en inspirer et en faire sa philosophie de vie.

Les textes rassemblés ici sont peut-être sombres pour la plupart, mais il se dégage de l'ensemble une profonde énergie pour croire en un monde du possible, pour ne pas baisser les bras devant l'adversité et pour tenter de *faire mieux avec moins*. Les idées de ces jeunes auteurs, leurs pensées, leurs aveux aussi renforcent le constat d'échec que nous, générations précédentes, faisons. Nous n'avons pas su habiter la Terre comme il aurait fallu. Y parviendront-ils ?

***

Au total, soixante-sept nouvelles ont été proposées au jury de Terre Urbaine, constitué des écrivains Sébastien Berlendis et Cédric Gras ; des journalistes Charlotte Fauve et Agnès Sinaï ; des philosophes Thierry Paquot et Philippe Simay, et de moi-même. Après délibération, nous avons retenu neuf lauréats qui illustrent la diversité des textes reçus, des idées et des sujets exposés. Ces neuf nouvelles montrent également le rapport au monde, au territoire et à l'écologie qui diverge d'un participant à l'autre, mais résument bien ce qui ressort globalement de l'ensemble des écrits reçus.
Le premier prix a été attribué à Laura Iapadre, 26 ans, dont le texte a fait l'unanimité. Il raconte l'histoire de Sasha, 20 ans, qui vit dans une cité de la banlieue parisienne et qui tente de devenir dans un monde sans perspectives.

Le présent recueil commence par ce premier prix attribué, puis suit un classement par ordre alphabétique afin de hiérarchiser les textes entre eux.

J'espère que ces nouvelles guideront le lecteur vers l'envie de porter les préoccupations de ces jeunes sur le devant de la scène, pour que les perspectives que nous leur laisserons demain soient préférables à celles dont ils héritent aujourd'hui.

INTRODUCTION
GÉNÉRATION T

—

Thierry Paquot

0.

Lorsque l'éditrice Anne-Solange Muis imagina un concours de nouvelles sur le thème de l'écologie et des territoires, elle ignorait si les jeunes auteurs qu'elle sollicitait allaient réagir. Le résultat est probant et les lecteurs apprécieront la qualité rédactionnelle et la diversité des approches littéraires (récit naturaliste, science-fiction, conte fantaisiste, anticipation, dystopie...) des nouvelles primées, ici rassemblées.

Il fallait trouver un nom pour désigner ces auteurs appartenant à la même classe d'âge. C'est alors que s'imposa la notion de « génération ». Celle-ci ne se manifeste pas tout au long des siècles en les découpant par tranches de vingt-cinq années. Les générations ne se suivent pas mécaniquement, elles dépendent de certaines conditions culturelles, idéologiques, politiques pour se déployer. Il existe des siècles orphelins de générations ! De nombreux historiens et sociologues récusent cette notion, observant que l'unité démographique n'est pas toujours respectée et que l'on peut trouver, sous cette commune appellation, des personnes nées à cinquante ans d'écart, qui partagent, néanmoins, les mêmes idées ou les mêmes intentions et revendications.

Le romantisme est fréquemment mentionné comme courant artistique justifiant cette qualification : ainsi certains parlent d'une « génération romantique » qui regrouperait des musiciens comme Schumann, Liszt, Chopin, Berlioz... ; d'autres y rassemblent des poètes et écrivains comme Lamartine, Vigny, Hugo, Gautier, Musset, Sand, etc., pour la France. Chaque langue aurait sa « génération romantique », c'est dire si la notion est élastique et pas toujours bien stabilisée... Pourtant, lisant ces nouvelles, y compris celles que le jury n'a pas retenues, nous nous accordions sur le fait qu'un effet générationnel existait bel et bien. Il fallait alors le préciser, d'où la lettre « T », comme « Terrien », et comme « Thunberg » aussi, une figure emblématique incarnée par Greta qui, à l'image d'autres femmes avant elle, marque l'arrivée de nouvelles activistes qui se battent pour faire entendre la voix de la Terre. En effet, le point commun entre ces nouvelles, et conséquemment entre les auteurs, est la place de la Terre, la planète bien sûr, mais aussi l'élément, le sol, l'humus, la nature... Ainsi s'imposa à nous la « génération T ». Elle s'inscrit déjà dans toute une généalogie qui débute par la « génération X », réunissant les personnes nées entre 1960 et 1980. Ce sont des sociologues qui, ne pouvant identifier la « population » qu'ils avaient étudiée, la nommèrent « X ». Un romancier, Douglas Coupland, publia en 1991 aux États-Unis un roman intitulé *Génération X*, dont les personnages sont coincés entre les baby-boomers et la génération Y. Ce sont les enfants des inventeurs de l'ordinateur et de ses divers usages, qui œuvraient dans des garages californiens, qui s'enrichissaient par le développement de logiciels, de jeux vidéo, d'applications numériques, vite cotés en bourse... Personnages dont la vie n'avait qu'un but : devenir millionnaire avant 25 ans ! Tous formatés et finalement dépendants des algorithmes qu'ils imaginaient... La génération Y, celle dont les membres sont nés entre 1980 et 1995, est caractérisée par le baladeur que chacun arbore fièrement. On parle de génération Z, pour la suivante... Nous préférons lui donner un sens philosophique, d'où le « T » comme « Terre ». Ce sont des « Terriens », convaincus que la planète est en danger, et ce depuis trop longtemps, et qu'il convient d'en prendre soin, de la ménager. Aussi, selon la sensibilité de chaque auteur, la conscientisation des enjeux environnementaux, climatiques et énergétiques est portée par une histoire révélatrice de la dénaturation de la nature et de l'urgence à la réparer, la magnifier, l'exalter. Ces auteurs ouvrent la voie pour une nouvelle émancipation humaine en interrelation avec le vivant. Suivons-les.

PREMIER PRIX
INTERFACE URBAINE

—

Laura Iapadre

1.

Sasha, 20 ans, ayant grandi en banlieue parisienne, refuse qu'on lui colle une étiquette et choisit de prendre un chemin bordé d'arbres.

... « Sasha, 20 ans, Orly. » Qui je suis et d'où je viens : tout se résume proprement en quatre mots, nets, concis, administratifs. Rien de plus, rien de moins. Questions maintes fois rebattues, classiques, faciles. C'est ce qu'ils attendent de moi, je crois. De répondre dans l'ordre, sans hésitation, sans tergiverser. Pur psittacisme identitaire. Rien de plus, rien de moins. C'est vrai, il n'y a pas de quoi pérorer, encore moins matière à réfléchir. Si par hasard je me laissais prendre au jeu de la méditation, ils ne comprendraient pas. Il y aurait méprise. La spéculation identitaire n'est pas de mise *ici-bas*. Et du haut de ma tour de dix-sept étages, le *ici-bas* n'a plus aucun secret pour moi. Je dispose d'une place de choix pour le contempler. Je pourrais presque le regarder de haut avec dédain. Mais moi, « Sasha, 20 ans, Orly », lorsque je m'agrippe au garde-corps de la passerelle minable qu'on s'acharne encore à qualifier de balcon, quand je me penche dans le vide pour mieux saisir le pouls de la ville, je sens que cet *ici-bas*, c'est moi.

Je danse avec ces murs de ciment sans âme. Je fais corps avec eux. Ils me donnent le vertige. Le béton m'a fait grandir autant qu'il me désarme. Il paraît que l'acier renforce la structure du bâtiment. Pourtant, à moi comme à tous ses occupants, c'est un ticket perdant pour l'autre côté du périphérique qu'il nous laisse en héritage. Je suis mon bloc, je suis ma cité. Des centaines, des milliers de petites fourmis parquées dans leur cathédrale de sable et d'acier. Nos tours portent en elles le poids de l'anonymat ; toutes semblables les unes aux autres, sans distinction ni aspérité. Elles nous recommandent une existence à leur image : grise et assommante. Mais sommes-nous, comme nos immeubles, inéluctablement condamnés à n'être qu'un numéro de plus ? Pas de distanciation possible avec le matricule, pas question de s'attarder sur la moindre considération existentielle. Ce qui ne s'entérine pas bureaucratiquement n'a pas lieu d'être. Nous parlons pour remplir, pour cocher les cases proprement, pas pour nous appesantir sur des problématiques individuelles futiles. C'est simple, automatique ! *Je dors* donc *je suis*. Il faut croire que *nous sommes* vraiment alors. « Cité-dortoir », une invitation sans équivoque au repos profond, et par conséquent à l'être. Mais moi, je n'accorde plus ma confiance aux marchands de sommeil. Le syndrome du somnambule en errance fait déjà trop de ravages dans le coin. La fatigue me ronge, mais je ne veux plus dormir. Je suis quatre mots exténués d'avoir déjà trop servi : « Sasha, 20 ans, Orly. »

«Moi, "Sasha, 20 ans, Orly".»

Néanmoins, j'ai des rêves et des idées. Je m'y accroche avec ferveur et détermination, sans faille, sans faiblir, depuis toujours. De ma fenêtre, je vois la ville et je sens la vie. La fourmilière grouille en dessous, silencieusement, laborieusement, violemment souvent aussi. Moi, « Sasha, 20 ans, Orly », enfant déjà je m'amusais à redessiner le contour de ma banlieue comateuse. Les allers et retours quotidiens à l'école m'offraient un décor remarquable par son insignifiance, mais qui se révélait pourtant toujours comme le théâtre foisonnant de mon imagination délirante. Partir de peu, c'est toujours plus inspirant que démarrer de rien. Alors, je réinterprétais mon territoire, véritable exercice de style. Je remplaçais tantôt l'asphalte par des rivières, tantôt le bitume par un terreau fertile. Sur mes cahiers scolaires, lorsque le professeur nous demandait de restituer le tracé précis de notre carte mentale, je trichais. J'avais pour incontrôlable manie d'ajouter des arbres, systématiquement, compulsivement; sur le chemin de l'école, sur le parcours du collège, sur tous les itinéraires que j'empruntais, de l'appartement à la boulangerie, du parc à la piscine, du centre commercial au terrain de basket... Des arbres, je plantais des arbres partout sur le papier. C'était pathétique, mais j'en avais constitué mon plus efficace remède contre la grisaille et la lassitude.

Car moi, « Sasha, 20 ans », j'ai beau être d'Orly, je ne connais de plus lointains voyages que de courtes escapades scolaires ou virées dominicales à Paris. J'avoue, je tire le trait. Chaque été, et ce jusqu'à la fin du lycée, j'ai passé quelques jours de la saison estivale à la mer, en baie de Somme, chez mes cousins éloignés. Mais je divague, comme toujours je digresse. On a dit propre Sasha, net et précis. Orly : deuxième aéroport français pour son trafic, 32 millions de passagers en 2019, 48 pays et 128 destinations desservies. Une aubaine économique ! Un miracle de dynamisme pour la banlieue francilienne ! Maman a trouvé du travail au cœur de l'interface urbaine, c'est juste. C'est pour cela que je précise « Orly » à la suite de « Sasha, 20 ans ». Il faut dire que pour assurer le fonctionnement optimal de ce géant tentaculaire, un sacré nombre de petites mains besogneuses et de têtes bien équilibrées est réquisitionné. Lorsque reviennent les périodes de forte affluence, la masse de voyageurs en transit crachée par les portes automatiques du tramway devient impressionnante : des arrivées, des départs, des escales par milliers. Ça m'épate, ça m'écœure, ça me donne la nausée. Moi, des avions, je ne retiens que le vrombissement des moteurs au décollage et les vibrations du sol lorsqu'ils regagnent triomphalement le plancher des vaches. Et nous, *en bas*, en errance dans la cour de la cité, de passage aussi, mais pour des aventures plus prosaïques, on broute. On se gave, et aux premières loges, des émanations de carbone de ces grands oiseaux d'aluminium. Au pied des barres et les yeux vers le ciel, on digère les incohérences arrangeantes de certaines égéries de l'éco-responsabilité qui s'autorisent quelques écarts de comportement pour sentir cramer au soleil leur épiderme protégé. Il faut dire qu'UV et autres cartes postales acidulées nous éblouissent tous confortablement. Au royaume de la contradiction, quelques bons, quelques brutes et puis surtout pas mal de truands, falsificateurs de réalités incommodantes. J'en suis, parmi tant d'autres « Sasha, 20 ans, Orly ». Avec eux, j'observe et j'écoute, perplexe, le minuteur d'un monde prêt à exploser. Même nous, les sédentaires d'Orly, les usurpateurs d'identité de la ville-étape vers le grand large, on nous invite au spectacle.

Nous sommes là, terrés dans le silence, cachés dans les coulisses. Il faut même accepter qu'on nous souffle la réplique. Et n'en déplaise aux aiguilleurs du ciel et autres orchestrateurs du ballet des Grands Cygnes, ici dans le hall du bâtiment C de la cité Balzac, ce n'est pas le « paradis », c'est le « poulailler », dernier balcon, visibilité nulle, toute illusion perdue. Mais moi, « Sasha, 20 ans, Orly », je triche, je l'ai déjà dit. Je plante et je replante des arbres, encore et encore, inlassablement.

Sur le palier de l'escalier, les gamins de l'immeuble poussent comme ils peuvent, comme de la mauvaise herbe, comme moi. Ils prennent racine dans ce terreau stérile entretenu tant bien que mal par quelques vieux desséchés, mères courage, travailleurs honnêtes, chômeurs désabusés, étudiants acharnés, délinquants redoutés, artistes incompris, faussaires, fous, footeux, fossoyeurs... C'est le carnaval, la comédie humaine. C'est un drame peut-être. Mais tous ces gosses valent mieux que de la mauvaise graine. Je le sais. J'en suis. On a tous nos idoles, nos figures tutélaires. Le père Guy m'a appris à planter des arbres, dans ma tête d'abord, sur les cahiers ensuite, et puis dans son jardin ouvrier. Quelques malheureux mètres carrés de terre à Orly et un espace infini pour planer juste en dessous des avions. Bêcher, biner, semer, désherber, arroser, patienter, récolter, cueillir, contempler : le père Guy m'a enseigné l'art consciencieux, méthodique et primitif du jardinage. Façonner un sillon plutôt que creuser son trou, cultiver un jardin pour éviter d'anéantir : le père Guy a trouvé la parade à une existence morose sans saveur ni promesse. « Soigne la terre, et la terre te le rendra ! » Le père Guy n'a pas inventé la poudre, non, ce n'est pas une lumière. Pourtant, il rayonne. Pas d'enfant, pas d'attache, pas de Dieu pour le père Guy, juste quatre poules qui gloussent sans cesse et picorent avec avidité dans sa fameuse tambouille de maïs et de blé. La catastrophe urbaine, il la refuse avec optimisme et fermeté. Pourtant, les tours d'Orly, il les connaît par cœur. Maçon dans ses jeunes années, il a œuvré, parpaing après parpaing, à la construction de ces grands ensembles froids et anonymes. « Trente ans d'une vie solitaire passée dans une cage à lapin, qui plus est en élevage hors-sol, ça vous forge ! » s'amuse-t-il souvent à répéter. En revanche, il ne s'apitoie jamais sur son sort. Pas question pour lui de s'en remettre à la fatalité. Il n'a pas pour ambition de changer le monde, le père Guy. Il besogne juste assez pour préserver un écosystème viable, son petit lopin de terre et les gamins de son quartier. Ni grandiloquence ni prétention inconsidérée avec le père Guy, une vie à son image, simple et mesurée, voilà ce qu'il met en pratique jour après jour pour tenir la maison.

« Mais moi, “Sasha, 20 ans, Orly”, je suis le “cheveu sur la soupe”, “l’exception qui confirme la règle”, le “une fois n’est pas coutume”. Devenir l’intrus, c’est mon joker. »

À 15 ans, ils ont décidé de me déraciner. Parce qu’en plus des arbres que je dessinais sur mes cahiers, fleurissaient quelques bonnes notes. J’ai dû troquer mon clapier du « neuf-quatre » contre un trou à rats parisien, au cœur du Quartier latin. Le luxe à la française. La chambre est étroite et humide, elle m’asphyxie. J’en souffre pourtant moins que de certains regards inquisiteurs ou condescendants. On atteint le summum du consternant lorsque j’ai droit aux conseils bienveillants de mes nouveaux congénères, l’élite. Mais moi, « Sasha, 20 ans, Orly », je suis *le cheveu sur la soupe*, *l’exception qui confirme la règle*, le *une fois n’est pas coutume*. Devenir l’intrus, c’est mon joker. Il faut rebattre les cartes, changer les règles du jeu, bousculer le système. Les années lycée m’ont permis de prendre conscience de l’urgence impérieuse qu’il y a à réinventer des modèles sclérosés devenus invivables.

Ma première révolution paradigmatique, c’est sur le terrain du langage que je l’ai engagée. Parler c’est agir, il paraît. Et je ne veux pas me contenter de remplir les cases proprement. « Sasha, 20 ans, Orly », très peu pour moi. Réinventer une langue constitue mon premier affront aux postulats inébranlables. Je boycotte systématiquement toute forme de discours susceptible de me faire entrer dans une catégorie préconçue : *gosse des banlieues*, *enfant de la zone*, *jeune des cités*. Non, je m’entête à dissoudre l’évidence de mon milieu. Je m’évertue à dissimuler les stigmates de mon territoire. Pas de marquage, aucune trace d’une enfance en périphérie. Je ne la renie aucunement pourtant. Je rejette simplement l’idée d’incarner l’image caricaturale qu’on impose aux banlieues. Il faut faire trembler le système. Car le changement ne vient pas d’*en haut*. Pas encore, pas tout de suite en tout cas. Du *sommet*, apparemment, les priorités et les urgences n’apparaissent pas au même moment. Elles sont plus tardives, ou peut-être les laisse-t-on patienter un peu ? Et ensuite, on court après, comme dans une fugue. On ne les rattrape jamais. Dommage ! En réalité, c'est au cœur de la fourmilière, dans le corps de la cité que les transformations s'opèrent. Elles se trament en dessous, dans la fosse commune. C'est le père Guy qui me l'a prouvé. En créant un langage, j'essaie de réhabiliter l'individu sans visage qu'on me suggère de rester sagement. Car sans m'en apercevoir, j'ai progressivement perdu l'usufruit de mon individualité : « Sasha, 20 ans, Orly. »

« Immanquablement, ces immenses tours vieillissantes absorbent et recrachent, à heures fixes, toutes les petites ombres dépossédées qu'elles abritent. »

En écho à cette expropriation identitaire, la dissolution de la vie dans mon quartier est devenue de plus en plus criante. Immanquablement, ces immenses tours vieillissantes absorbent et recrachent, à heures fixes, toutes les petites ombres dépossédées qu'elles abritent. Être dépouillés de notre identité et de notre maison, voilà ce que nous avons tous laissé faire. Pire, on a nourri la bête. À l'exception de Guy, peut-être. Réhabiliter mon milieu, le plus intime d'abord, puis celui que je partage avec tous ces autres « Sasha, 20 ans, Orly », constitue l'horizon de mon plus long voyage. Je ne veux plus tricher. Je ne triche plus.

Pourtant, je plante toujours des arbres et je sème le trouble, sans relâche. « Sasha », décidément, ça ne veut rien dire : femme, homme, autre… soldat inconnu. « 20 ans », c'est l'âge impur : épais brouillard entre l'enfance inébranlable et l'âge de raison. L'enfant, c'est toi que je rejette, tantôt avec mépris, tantôt à regret. Sois sympa, tu veux ? Laisse la place aux grandes personnes. Surgit alors l'adulte dont je revêts douloureusement le costume bien trop propre, trop grand pour moi. Je flotte. Je nage. Je rame entre deux eaux, à bout de souffle. Je suis cet entre-deux, comme « Orly », ville escale où l'on ne fait toujours que passer… en transit, en coup de vent. On passe, puisqu'il faut avancer. Et la tête dans le guidon ou dans les nuages, chacun s'accroche à une étoile, poursuivant machinalement des horizons inconsistants. *Cours, Sasha, cours !* Droit dans le mur, ce n'est pas un mirage. Et inspire frénétiquement, avant l'asphyxie.

Certains choisissent de partir, d'autres font fausse route ou s'arrêtent à mi-parcours. Il y en a qui fuient. Cahaya fait partie de ceux-là ; et passeport à la main, marqué comme tant d'autres de l'estampille « migrant climatique ». Rien de plus, rien de moins. J'ai rencontré Cahaya sur le bord du chemin. Son regard errant, voilà ce qui frappe immédiatement chez Cahaya. Sur ses papiers, la date et le lieu de sa naissance apparaissent distinctement. Rien de moins clair pourtant. Pour Cahaya, la rengaine basique du « Qui es-tu ? D'où viens-tu ? » devient plus complexe. La réponse n'a de sens que tronquée. Elle est bancale. Elle boite, elle titube, sa réponse, autant que Cahaya qui déambule, sans but, dans le centre-ville d'Orly. Cahaya n'est pas d'ici. Coordonnées GPS brouillées. Absence totale de localisation géographique. Trou noir sur la carte. La maison de Cahaya se trouve à vingt mille lieues sous les mers aujourd'hui. Son entourage lui a parlé du syndrome de l'Atlantide, lorsque ses parents ont décidé d'exiler leur vie, leur quotidien et leurs rêves à quelques milliers de kilomètres de Jakarta. Cité perdue depuis que les flots engloutissent la capitale indonésienne. « Cahaya, 22 ans, quelque part sous la mer de Java. »

Quartier après quartier, l'eau salée ronge les murs imbibés des infrastructures inondées. La ville immense s'enfonce, elle sombre dans les marécages qui la supportent encore péniblement. C'est acté, irréversible, le naufrage ne fait plus aucun doute. La débâcle se déroule sous nos yeux ahuris qui ne cessent de s'étonner de la déliquescence d'un monde en péril. Au programme pour Jakarta : quelques millions de déplacés pour les dix, vingt prochaines années. Chez Cahaya, plus on meurt de soif, et plus on crève sous l'océan. Cercle vicieux, tableau dantesque d'une mégapole en saturation. Contraints de soutirer à la terre le peu d'eau encore potable des nappes phréatiques qui ne soutiennent déjà plus les buildings démentiels : voilà où on en est arrivés. À Jakarta, on troque désormais sa maison contre le minimum vital.

Un verre d'eau contre un bout de terrain qui s'affaisse. C'est le prix à payer. La fête est finie. Voilà maintenant plusieurs mois que Cahaya se balade en *terra incognita*. Je vois son ombre arpenter les rues d'Orly. Cahaya longe les façades en béton des cités de la ville aéroportuaire. Des colosses aux pieds d'argile similaires aux tours désaffectées de Jakarta. Là-bas, les sols s'effondrent et les gratte-ciel s'enfouissent dans le sable avant de se noyer sous la marée montante des eaux de Java.

« Sasha, 20 ans, Orly », je n'ai pas su lui répondre autrement que par ces quatre mots, par automatisme ou par facilité. Cahaya m'a raconté son histoire, son départ précipité pour la France, son arrivée à Orly... Seize heures de vol pour tout recommencer à zéro, ailleurs. Ce ne devait être qu'une halte. Mais Cahaya n'a plus de port. Défense de larguer les amarres. *Chacun son toit et Dieu pour tous.* À Jakarta, les habitations de milliers d'Indonésiens ne tiennent désormais plus que sur pilotis ; les vies, à un fil. Il faut partir et laisser derrière soi l'écume d'un passé à jamais englouti sous les flots et la vase. L'eau s'infiltre par capillarité. Les murs s'imprègnent, s'effritent puis s'enlisent dans la glaise. Pourtant, à Jakarta, c'est le même béton qu'ici, robuste, imprenable. Forteresse de papier. On éponge tant bien que mal. Mais l'océan monte inexorablement. Premières gorgées et début de l'ivresse pour tous ceux qui peuvent encore boire la tasse. Ça tangue. Puis vient la nausée. On a choisi l'excès, la consommation effrénée. Pas étonnant que la gueule de bois soit pénible. Cependant, après la fête vient l'amnésie. Quelques évidences seules nous sortent momentanément de la folie. À jamais orphelins de leur terre, des milliers de « déplacés climatiques » se voient bringuebalés de ville en ville, dans un exil infini. Réinventer son écosystème, Cahaya n'a pas eu le choix de tout repenser. Sa famille s'est installée au dernier étage du bâtiment B. Le plus haut reste le mieux. Loin du sol et du risque de se retrouver à nouveau victimes d'inondation. La pluie, c'est leur hantise, leur obsession. Moi, ce sont les trépidations des avions au décollage et à l'atterrissage qui m'étourdissent. Dans notre « cité-dortoir », les pluies fréquentes et les vibrations des Airbus s'accompagnent souvent d'insomnies. Aujourd'hui, nous partageons le même bloc ; même ciel et même terre. On erre ensemble, puisqu'il faut errer.

– Parfois, j'ai l'impression d'oublier ce que je fais là, et où je suis...
– Classique.
– Ouais, mais d'un coup j'entends un avion transpercer le ciel. Alors, je sais que je suis à Orly, chez moi. C'est étrange, parce que ce bruit de moteur, pour les autres, c'est le début du voyage. C'est l'appel du grand large. Pour moi, c'est le son de l'ancrage. C'est l'écho du bitume. Tu vois, quand les moteurs vrombissent, c'est ma cité qui résonne. Et après, je balise parce que ce son, je ne peux plus l'encadrer... ça me tue. Ça nous tue tous.
– Ta cité, elle vit encore Sasha. Mon repère à moi, ce n'est plus qu'un souvenir. Je ne reverrai jamais mes tours de Jakarta. Fini. Adieu. Plus de repères.
– Si tu veux, on peut partager. Et suis-moi, ça commence par un arbre.

« Il semblerait qu'on l'ait trouvée, notre maison. Sous cet arbre, c'est la vie qui lutte éperdument et l'espoir qui nous revient. »

Je lui ai montré mon îlot coincé entre cinq tours. Parce que oui, depuis quelque temps, je ne triche plus. Quatre arbres clandestins, voilà ce que j'ai planté dans la cour de la cité. Ce n'est qu'un début. On continuera ensemble avec Cahaya, et puis avec d'autres. On plantera, encore et encore, jusqu'à ce qu'il y ait assez de racines pour renforcer les sols et absorber les pluies diluviennes, jusqu'à ce que le pépiement d'oiseaux graciles couvre le bruit des avions. Cet après-midi d'été, il fait chaud. La saison des chassés-croisés bat son plein à Orly. Le tramway gorgé de voyageurs pressés déverse continuellement des vagues de passagers en transit. Les taxis parisiens se pressent nombreux jusqu'aux quatre terminaux de l'aéroport. Des groupes de stewards, d'hôtesses de l'air et de pilotes paradent en costume sur le tarmac. Derrière le mince grillage argenté qui nous sépare de ceux qui s'élancent vers le ciel, Cahaya et moi observons pensivement les géants froids d'aluminium glisser sur le bitume brûlant. On contemple encore une fois le défilé des ailes blanches avant de nous éloigner du tintamarre des avions et de l'odeur du kérosène. De retour dans la cité, nous nous abritons sous l'ombre d'un platane. Cahaya ferme les yeux. Son visage apaisé m'incite à faire de même. Il semblerait qu'on l'ait trouvée, notre maison. Sous cet arbre, c'est la vie qui lutte éperdument et l'espoir qui nous revient. « Sasha, 20 ans, Orly », le refrain lancinant me trotte dans la tête. Non, je ne me contenterai pas de ces quatre mots. Je suis un corps et je suis mes pensées aussi. J'incarne cet environnement vulnérable et fragile qui m'entoure. Il m'habite et me fait sentir que je vis. Et sous mes mains, je sens la terre sèche de la cour. Mes cheveux s'accrochent à l'écorce de l'arbre. Un vent chaud fait frémir les feuilles du grand platane avant de s'arrêter sur ma peau. Je l'entends chanter. Une mésange passe.

CHAPITRE 2
RIVERSIDE BAPTÊME

—

Emma Delages

2.

Une jeune femme noue des liens humains et non humains à l'autre bout du monde et découvre un nouvel univers, lui-même en train de basculer.

Je suis née dans une ville. Ici, le ciel est immense. Je n'en ai jamais vu de si grand, même en bord de mer. Quand je suis venue la première fois, j'ai voyagé deux jours avant de monter dans la voiture qui m'a transportée pour franchir les derniers kilomètres. Il n'y a qu'une seule façon d'arriver là, par une route qui s'arrête subitement pour devenir une piste rocailleuse, au bout de laquelle j'ai découvert l'*homestead* posé comme sur le plat d'une paume étendue, se découpant sur son horizon brillant tel un théâtre d'ombres : la maison, les écuries, quelques toits de cabane jouxtant les arbres centenaires du jardin, la citerne perchée sur ses échasses et toutes les petites choses humaines alentour... Un groupe de chevaux de selle étiraient leurs longues encolures et leurs membres délicats dans le soleil qui commençait à décliner et j'ai senti quelque chose enfler dans ma poitrine. Jeanette m'a raconté qu'autrefois le territoire qu'ils possèdent s'appelait Goonyella, qui en langue aborigène signifie « obscurité » – elle m'a dit cela avec un regard amusé, comme si elle me faisait une blague. « On pense qu'il y a eu une éclipse totale et que les tribus qui vivaient ici ont pris peur, m'a-t-elle dit, ils y ont vu une malédiction divine et ils ont abandonné la terre, mais ce nom est resté jusqu'à il y a un siècle environ. La grand-mère d'Allan n'aimait pas ce nom, elle le trouvait menaçant. C'est elle qui a fait rebaptiser le lieu et l'a appelé Riverside. »

La rivière derrière la maison s'appelle l'Isaac. La maison, elle, gît dans l'œil d'un microcosme organisé tel un oignon, d'abord cerné de la phosphorescence verte du jardin dont l'atmosphère fraîche et l'odeur de terre humide produisent un halo irradiant dans l'air à des dizaines de mètres. Au-delà, il y a le sol plus clairsemé d'un deuxième cerne, planté d'arbres que Charles a mis en terre lorsqu'il avait 15 ans. Parmi eux, les petites silhouettes ventrues des *bottle trees* me font penser à des sentinelles miniatures gardant l'accès au jardin; elles semblent dire: « Nous serons là quoi qu'il en coûte et quoi qu'il arrive. » L'idée de leur embonpoint patiemment gorgé de l'eau retenue dans leur tissu ligneux, tel un instinct de prévoyance obstiné et laborieux, m'a toujours émue et me donne ces derniers temps les larmes aux yeux. Je voudrais aller toucher du bout des doigts leur écorce craquelée, mais je n'ai plus le courage de marcher jusqu'à eux. Après les *bottle trees*, ces arbres adaptés à la sécheresse, l'espace se dissout dans un large disque de terres aux nuances variées, un camaïeu de bruns plus ou moins dorés, de gris plus ou moins verts, d'arbres hauts et secs aux feuillages sombres et d'herbe grasse et drue. En fin de journée, le couchant transforme l'air en un bain diaphane dans lequel la poussière scintille pendant des heures, en suspension au-dessus du sol, buvant chaque oscillation de la lumière, passant de la nacre pâle à l'or éclatant. Quand tout s'éteint enfin, une encre d'un bleu profond a déjà commencé de descendre lentement du sommet de la voûte céleste, rafraîchissant l'air au fur et à mesure qu'elle s'y dilue. Le reste du temps, l'horizon est une ligne blanche de chaleur qui tremble légèrement tandis que le globe au-dessus se déploie comme une explosion fossile et muette.

« L'horizon est une ligne blanche de chaleur qui tremble légèrement tandis que le globe au-dessus se déploie comme une explosion fossile et muette. »

Depuis quelques semaines déjà, je supporte de moins en moins bien la chaleur qui s'intensifie chaque jour un peu plus, m'abandonnant aux portes de ces torpeurs peuplées de sensations à l'acuité déconcertante. Depuis mes demi-sommeils agités et lourds, assise dans la galerie face au jardin, j'ai la sensation d'être le centre d'un univers en très lente rotation sur lui-même. J'erre dans un monde d'images et de pensées qui vont et viennent sans effort, sans continuité précise mais si nettes et rapides qu'elles submergent ma conscience assoupie, incapable de juguler ces visions défilant comme les motifs du vent à la surface d'un lac. J'ai appris à ne plus lutter et à laisser mes sens et mon cerveau fabriquer ces mondes clos, au sein desquels une puissance de perception décuplée revisite sans ordre apparent le paysage de la station inscrit sous un millier de formes dans les plis de ma rétine et de ma mémoire visuelle, me communiquant une information nouvelle, totale et exaltée. Je n'en garde à mes réveils qu'une sorte de pressentiment grave dont je ne parviens plus ensuite à me défaire.

Lorsque je suis trop agitée, je me dirige vers le bureau. Ce n'est pas le meilleur refuge à la chaleur, mais il y règne un silence et une immobilité qui me rassurent, l'aura des pièces destinées à la concentration et au seul travail de l'esprit dans un monde de la pesanteur des corps et de l'effort physique. Soustraite au regard inquiet de Jeanette, je m'y sens comme libérée du poids du souci que je lui cause et mon corps douloureux m'y semble plus léger. Se tenir dans le bureau, c'est aussi l'assurance tacite de ne pas être sollicitée, l'expression d'un certain besoin de solitude et de calme qu'une ancienne pudeur familiale interdit de questionner. C'est la pièce la plus coquette et la plus meublée de toute la maison, il y a des rideaux de dentelle blanche aux fenêtres, des fauteuils profonds aux tissus colorés, des coussins à pampilles et des bibelots posés sur les secrétaires et bureaux aux bois sombre et ciré. Les murs sont chargés d'innombrables photos de famille dans des cadres hétéroclites. Je les connais par cœur, elles exercent sur moi une fascination mystérieuse que je cherche depuis toujours à m'expliquer sans y parvenir. Je peux passer des minutes entières à scruter les traits des personnes, à imaginer le moment duquel est extraite la photo et ce qu'il s'est passé avant et après la prise de vue, à me demander si le sentiment décrypté sur le visage que j'observe correspond à la réalité de ce que ressentait la personne à ce moment-là.

Près de la petite méridienne verte dont j'ai fait mon séjour le plus régulier ces derniers temps, accrochée à hauteur de regard pour qui est assis au bureau juste à côté, se trouve une photo agrandie du baptême du grand-père de Charles, il y a quatre-vingt-trois ans, ici à Riverside. C'est une de mes photos préférées. L'arrière-grand-mère de Charles doit avoir 20 ans, elle se tient debout dans l'Isaac, l'eau jusqu'aux genoux, et serre son fils contre elle, dont seule la tête dépasse du linge blanc bordé de dentelle qui l'entoure. Elle porte un chemisier blanc aux détails délicats avec un col en dentelle et une longue jupe écrue qui flotte à la surface de la rivière, dont on devine le courant dans les plis du vêtement. À côté d'elle se tient un homme, l'oncle du bébé, qui porte un calice en étain et regarde le photographe en souriant. La mère d'Allan Senior n'a d'yeux que pour l'enfant dans ses bras. Sa chevelure épaisse et sombre est retenue en une coiffure tressée qui encadre son visage pâle et sa tenue claire semble avoir bu toute la lumière de l'image, nimbant sa silhouette d'une vapeur délicate. En regardant de près, je crois deviner qu'elle doit produire un léger effort pour qu'ils se maintiennent, elle et le bébé, debout dans le courant : quelque chose dans la ligne de sa mâchoire comme une très légère crispation, traduisant la tension musculaire de son corps et sa concentration. Je peux m'absorber pendant des temps indus dans la contemplation de l'expression de son visage. Elle semble, alors qu'elle contemple son fils, méditer un très ancien secret qu'elle aurait déjà commencé à lui transmettre par le seul moyen de sa pensée. Alors que l'homme à ses côtés paraît dans la pleine célébration du moment présent, elle semble l'avoir déjà dépassé et ne plus lui appartenir, concentrée, déjà, sur la somme des choses qu'elle va devoir faire pour élever son fils, la somme des souffrances dont elle va tenter de le protéger mais qu'il subira un jour, ce qu'elle doit accepter. Et pourtant, ses traits détendus et sereins ne traduisent aucune inquiétude excessive, aucune appréhension.

Je ne peux m'empêcher de repartir régulièrement à la recherche d'un tout petit signe que je n'aurais pas détecté jusqu'alors, de faire parler ce visage impassible et doux. Mais jamais, au terme de mon examen scrupuleux, ne se démentent son assurance et sa confiance tranquille, nourrissant ainsi mon espoir d'une force magique à laquelle je serai moi aussi bientôt initiée sans pour autant tout à fait réussir à faire fuir le spectre lancinant de mon désarroi. Je quitte alors généralement le bureau telle une âme penaude et désœuvrée revenant bredouille de sa quête et pourtant toujours un peu revigorée, toujours un peu moins seule : les personnages des photos ont quitté leur cadre et m'accompagnent, tandis que je déambule à travers le reste de ma journée, de leur mystère familier, de la somme réconfortante et réelle des expériences passées de leur vie, de la foule d'anecdotes connues et des souvenirs que je leur prête, ou qu'ils veulent bien me prêter.

« Le quotidien était une pulsation unique qui avait ouvert un calme à l'intérieur de moi, un lac souterrain dans lequel mon esprit se baignait sans jamais vouloir regarder les rives. Il faisait circuler mon sang. »

J'ai aimé instinctivement le contact avec les troupeaux, même confrontée aux actions qui paraissaient brutales à quelqu'un n'ayant jamais côtoyé que des animaux de compagnie. Je posais peu de question, par peur d'offenser la famille, mais un matin que Jeanette et moi étions seules, assises dans l'ombre de l'une des bétaillères en train de boire le thé dans les bouchons plastique de nos thermos, je lui ai demandé : « Ça ne vous fait jamais quelque chose, quand ils partent pour l'abattage ? » Elle m'a raconté qu'une fois seulement elle avait décidé d'accompagner jusqu'à l'abattoir un des camions qui emmenaient ses bêtes. « Je me suis dit qu'il fallait que je le fasse au moins une fois, pour savoir. Je ne le ferai plus jamais, m'a-t-elle dit. Ça m'a rendue trop malade. Tout le soin qu'on leur porte, à eux et à la terre sur laquelle ils vivent, tu sais, l'eau, les abreuvoirs, les arbres, le couvert ombrageux... Tout ce mal qu'on se donne pour que leurs dernières heures ressemblent à ça. C'est un crève-cœur. » Elle s'est tue un moment et a poursuivi. « Moi je ne sais pas, ils disent qu'on peut se passer de l'élevage, je ne suis pas sûre. Et puis je ne crois pas que nous fassions quelque chose de mal. Je veux dire, comme on a dit, il faudrait faire autrement pour la fin, mais ils sont heureux toute leur vie ici. » Après cela, je crois que j'ai choisi de ne pas méconnaître ni questionner davantage ce que je ressentais. À la fin de ma première semaine de travail, durant laquelle les hommes de la station avaient dû s'absenter pour participer à un exercice local de service militaire, mon corps, pris de court par la chaleur et les longues journées de rassemblement des troupeaux, de *muster*, s'était allégé de 7 kilos. Je suivais le rythme des femmes de la station, harcelée par les mouches et les lèvres pleines de poussière, campée devant la flamme bleue qui léchait les fers, en essayant de ne pas montrer de signe de fatigue. Je partais me coucher chaque soir complètement épuisée et le dimanche venu, alors que je quittai la cuisine après avoir aidé à débarrasser, Jeanette me dit sobrement : « Tu as bien travaillé cette semaine. » J'ai rarement été aussi fière. Le quotidien était une pulsation unique qui avait ouvert un calme à l'intérieur de moi, un lac souterrain dans lequel mon esprit se baignait sans jamais vouloir regarder les rives. Il faisait circuler mon sang.

J'ai appris à observer et anticiper le comportement des animaux que nous élevons, et j'ai appris à leur parler. C'est-à-dire que j'ai appris à adapter le mouvement de mon corps et à utiliser ma voix de sorte qu'ils se sentent en sécurité, qu'ils ne soient ni effrayés ni en alerte inutile. J'ai appris à prendre ce temps, lorsque nous les rassemblons dans les coraux deux fois par an, de ce face-à-face avec chacun d'entre eux pour les regarder et évaluer leur nature, leur caractère. Claire, elle, commente d'une année sur l'autre les évolutions de taille ou d'attitude de chaque animal avec un sens du détail hors du commun et autant de sérieux que s'il s'agissait d'un membre particulièrement cher de la famille. À sa naissance, Claire a failli mourir d'une méningite qui l'a laissée très longtemps silencieuse. Jeanette dit que lorsqu'elle s'est finalement décidée à parler, elle avait dû depuis longtemps développer un sens supplémentaire qui lui avait servi à compenser l'absence de parole, et duquel elle a toujours conservé comme une capacité extraordinaire de perception de son environnement. Lors de mon deuxième séjour à Riverside, après mon arrivée tard dans la nuit, Claire m'avait dit, alors que nous mangions les sandwichs au rosbif des arrivées tardives : « J'ai trouvé une *poddy* hier, c'est ton portait tout craché. » Je n'avais rien répondu, mais Jeanette avait souri à mon regard poli par-dessus la table. « Claire reconnaît presque chaque tête du cheptel individuellement », m'avait-elle dit comme si cela expliquait tout. Son ton oscillait entre celui d'un parent fier et celui d'un quelqu'un s'excusant à la place d'un très jeune enfant qui aurait dit, sans qu'on ait pu l'en empêcher à temps, quelque chose de vaguement insultant. Le matin, Claire m'avait emmenée voir le veau abandonné par sa mère : elle avait des yeux verts comme des joyaux, comme j'ignorais même que les bovins pouvaient avoir, et ses oreilles soyeuses était si grandes et souples qu'elles lui tombaient sur le museau comme sur celui d'un gros lapereau. Claire me regardait regarder le veau avec un air attentif et satisfait, comme si notre face-à-face apportait la preuve particulièrement éclatante de la supposée ressemblance entre l'animal et moi, sur laquelle je m'exclamerais d'un instant à l'autre. À la place, j'avais pris le biberon qu'elle me tendait et commencé à nourrir la petite bête tandis que Claire gloussait et me disait : « Tu ne peux pas la nommer tout de suite, ça porte malheur. » J'ai hoché la tête, mais j'avais déjà trouvé le nom, il m'était venu immédiatement sans que je puisse lui résister. « Combien de jours ? », ai-je demandé. « Une semaine c'est plus sûr », m'avait-elle répondu. Le septième jour, Jewel-Longues Oreilles gisait inanimée sur son matelas de paille et Claire enjambait la barrière de l'enclos en grognant pour s'approcher du petit cadavre. Je ne sais pas si c'est mon air médusé et manifestement coupable qui m'a trahie ou si je faisais pour la première fois l'expérience très troublante de la faculté de Claire à lire au fond des gens, y compris dans les moments les plus gênants, mais elle s'est tournée vers moi et m'a lancé d'un ton calme et indubitablement réprobateur : « Si tu les nommes dans ta tête, ça porte malheur aussi. »

Allan dit qu'une bonne exploitation est le résultat de décennies d'attention aux animaux. Depuis l'installation de son arrière-grand-père au milieu du XIXe siècle, la famille s'est appliquée à sélectionner les plus beaux d'entre eux, mais aussi ceux qui avaient les dispositions les plus adaptées. Il dit que chaque génération a passé le temps nécessaire à les habituer d'année en année à la présence humaine, sans toutefois les déranger dans leur vie de troupeau. Il insiste sur les habitudes communes qu'on crée avec eux comme la seule source de véritable partage et de compréhension mutuelle possible, et sur la nécessité de ceux-ci. À chaque *muster*, nous ramenons les troupeaux à l'*homestead* pour une durée d'une semaine : nous pourrions faire le nécessaire en quelques jours dans les coraux et les relâcher ensuite dans les paddocks de la station où ils passent le restant de l'année, mais nous les ramenons toujours à la maison, au terme d'un *droving*, d'une marche plus ou moins longue. Dans l'enceinte de l'*homestead*, nous faisons évoluer les troupeaux selon des figures d'exercice au sein desquelles les hommes, les chiens et les chevaux ont toujours la même place. J'aime ces moments de concentration, l'air consciencieux des hommes, des chiens qui semblent s'efforcer de se mouvoir le plus silencieusement possible, des veaux aux grands yeux et aux aguets qui suivent leur mère pour la première fois, de ma jument dont les oreilles dressées et mobiles traduisent l'application. Le moment venu, nous déployons ces chorégraphies lentes et immuables dans l'immensité des paddocks où les troupeaux vaquent dispersés et l'enchantement de les voir répondre aux simples déplacements dans l'espace de nos corps sur les montures et de ceux des chiens, sans précipitation aucune, sans effarement, est un contentement sans cesse renouvelé.

La troisième fois que j'ai quitté Riverside, c'est Charles qui m'a conduite à la station de bus de la ville la plus proche. Charles parle peu. J'ignore si c'est pour cette raison, mais le son de sa voix, nasillarde et traînante, me prenait toujours un peu de court, comme si mon oreille ne l'avait jamais tout à fait enregistrée. Il était calme et vif, j'admirais son aise innée à cheval, sa patience avec les chiens qu'il dressait. Assise sur le siège passager du pick-up quand nous roulions ensemble dans la lumière éteinte des petits matins de *muster*, je regardais à la dérobée ses mains sur le volant, leur proportion inattendue. Ses doigts gracieux et ses ongles carrés et soignés m'intriguaient comme le signe d'un caractère intérieur qu'il gardait pour lui. Après s'être garé à quelques mètres de l'arrêt, il est descendu, a soulevé mon sac à dos de l'arrière du pick-up et l'a déposé à mes pieds avec ces mouvements un peu plus retenus et délicats qu'il avait chaque fois qu'il faisait quelque chose pour moi en dehors du travail sur la station, quand il me tenait une porte pour entrer dans un magasin, quand il s'effaçait dans un couloir de la maison pour me laisser passer, qu'il portait sa main à son chapeau pour me saluer de loin le matin, comme un homme élevé avec la courtoisie due aux dames, ou peut-être seulement comme il avait vu Allan se comporter avec Jeanette. Il m'a dit : « Rentre bien, tu peux être fière de toi, tu as tellement progressé à cheval avec les bêtes. »

Il avait enlevé son chapeau et ses cheveux portaient la marque du bandeau de cuir intérieur autour de son crâne, il me regardait par en dessous avec la tête légèrement baissée et me souriait. Il avait une dentition d'enfant choyé et sage et des lèvres pleines, mordues et rosées. « Merci », ai-je répondu. En remettant son chapeau, il a ajouté : « Si tu reviens, il faudra que je t'épouse. » Je souriais encore et ces mots totalement incongrus m'ont figée dans mon mouvement. « Pardon ? » Il m'a alors répondu au milieu d'un rire : « C'est ce que j'ai dit », et il m'a jeté un autre regard en dessous tout en tournant son buste et en avançant vers l'avant de la voiture pour rejoindre le siège conducteur. Une fois assis derrière le volant, il a porté la main à son chapeau et m'a envoyé un clin d'œil avant de démarrer. Après ça, je suis revenue, et je ne suis plus jamais vraiment repartie.

« Quand Allan m'a expliqué cela la première fois, j'ai pensé aux racines des arbres, plongeant à plusieurs mètres de profondeur pour boire avec parcimonie l'eau circulant au goutte-à-goutte dans les couches sablonneuses des sols. »

Nous ne possédons que les trente premiers centimètres de la terre que nos troupeaux foulent. Dans la loi nationale, les sous-sols appartiennent à l'État, et Riverside est sise sur l'une des plus grandes réserves régionales avérées de gaz et d'un charbon particulièrement riche. La propriété des sous-sols est à l'origine d'un commerce particulièrement rémunérateur pour l'État, qui octroie des concessions à des compagnies payant très cher le droit d'extraire et de vendre les ressources minières. Quand Allan m'a expliqué cela la première fois, j'ai pensé aux racines des arbres, plongeant à plusieurs mètres de profondeur pour boire avec parcimonie l'eau circulant au goutte-à-goutte dans les couches sablonneuses des sols. Trente centimètres, ça ne paraissait pas beaucoup. Le soir même, j'ai fait ce rêve étrange d'une grande machine scalpant le terrain suivant une ligne rouge qui avait été tracée dans la terre, puis surélevant à l'aide d'une grande mâchoire métallique la partie de terrain au-dessus de la ligne plusieurs dizaines de mètres au-dessus de celui sous la ligne. Dans le vide ainsi ouvert, toute une cité industrielle se montait à la vitesse d'un jeu de construction, des petites machines creusaient des galeries tels des lombrics téléguidés, tandis que des pailles géantes étaient enfoncées dans les profondeurs de la terre pour aspirer le gaz prisonnier des anfractuosités des sous-sols. Au-dessus, nos trente centimètres d'épaisseur n'étaient qu'une plate-bande dérisoire et friable incapable de maintenir debout les arbres ou de supporter le poids des hommes et des bovins, sous laquelle on voyait s'agiter misérablement les radicelles assoiffées de l'herbe de buffle, nutritive et résistante, qui pousse naturellement ici depuis des siècles et fait la fierté des familles d'éleveurs de la région. Quand les radicelles obstinées et vindicatives commençaient à s'emmêler dans les pelles et les bras mécaniques de la cité minière, un grand ciseau jaillissait et coupait le tout bien au ras de la sous-face des trente centimètres de sol. Je n'ai pas parlé du rêve à la famille.

Au début, Allan et Jeanette m'ont raconté que les concessionnaires étaient généralement de petites compagnies locales avec lesquelles ils savaient discuter et s'arranger. Le père d'Allan et le directeur de la concession prenaient un café ensemble régulièrement et ils examinaient les différents sujets problématiques liés à la coactivité de la mine et de l'élevage, trouvaient des compromis et au besoin signaient en deux exemplaires manuscrits un paragraphe décrivant leurs engagements mutuels, papiers qui paraissaient alors si peu nécessaires qu'ils ont aujourd'hui disparu, laissant la famille sans aucune base légale pour faire valoir ces accords. Quand quelque chose ne tournait pas rond, le père d'Allan allait au bureau du directeur de la concession pour en discuter et on trouvait une issue. Ce n'était pas parfait, mais l'industrie avançait à un rythme relativement modéré et il y avait de l'espace pour la discussion. Mais au fil des années, les concessions ont été revendues à des conglomérats toujours plus grands et plus puissants avec des moyens techniques toujours plus importants. La complexité et l'opacité des montages juridiques et des modes de gouvernance se sont accrues, l'État laissant le soin aux propriétaires terriens pris de vitesse de découvrir ce à quoi les exposaient les contrats signés, de mener eux-mêmes les négociations encore possibles dans les faibles marges laissées par les avocats des compagnies minières, mais aussi de se battre pour faire respecter la poignée de conditions censées les protéger. La première mine à ciel ouvert a été un choc : la brutalité de cette balafre béante dans la terre qui hier nourrissait nos animaux, la vibration incessante provoquée par les machines, les lumières qui ne s'éteignent jamais, la poussière de charbon noircissant l'air doré du pays. L'horizon barré de gigantesques monticules de terre et de roche retournés et amassés sur des centaines de mètres linéaires. Mais en réalité, ce n'était qu'un nouveau point culminant dans l'enchaînement des petites et grandes misères quotidiennes. Au fur et à mesure que l'activité minière explosait, voir sillonner les routes et les terrains de la station par les véhicules rutilants de la concession, portant haut leurs logos et roulant à tombeau ouvert, n'avait pas été facile.

Tous les hommes avec lesquels nous parlions n'adoptaient pas cette attitude de jeunes urbains se rêvant en une race glorieuse descendant tout droit des pionniers du Far West, mais lorsque nous avons trouvé les premiers animaux morts, la discussion qui s'est ensuivie a éclaté en une violente dispute qui ne laissait plus de place au doute : c'est nous qui étions chez eux et pas l'inverse, ou en tout cas plus pour longtemps. Un matin, Claire est arrivée après le petit-déjeuner avec un journal à la main qu'elle a laissé tomber sur la table de la cuisine en disant avec colère : « Voilà, ils en sortent tellement qu'ils mettent ça sur des bateaux, et ils les coulent au large des côtes où ce n'est pas trop profond pour aller le chercher après. » J'ai pris le journal après qu'elle eut tourné les talons, mais je n'y ai jamais trouvé quelque article que ce soit qui aurait pu être en rapport avec ce qu'elle avait dit. Répétait-elle quelque chose entendu à la radio ou en ville ? Était-ce l'un de ses rêves qu'elle racontait parfois et qui se réalisait un jour comme l'exacte décalcomanie de ses récits ou la vision d'une crainte qu'elle ne parvenait pas à exprimer autrement ? Avec Claire, on ne savait jamais. De mon côté, j'ai senti les cloisonnements se mettre méticuleusement en place dans mon esprit au fil du temps. Cet automatisme reconnaissable de mon cerveau disjonctant les circuits nécessaires pour arrêter à temps les spirales dangereuses qui s'y formeraient, repousser aux confins de mon esprit les gestes, les mots, les images, tout ce qu'il y avait d'absurde et d'insaisissable. Cependant, quand j'ai vu pour la première fois apparaître sur l'écran la sinusoïde jumelle qui battait dans mon ventre, le monde est juste devenu un lieu différent. Je ne crois pas avoir jamais eu d'attente spécifique vis-à-vis de la maternité. Certainement, ce n'est pas quelque chose que j'avais envisagé comme un accomplissement censé amener un épanouissement naturel que je reconnaîtrais entre tous, mais je ne l'avais pas non plus ni repoussée ni redoutée. C'était une sorte d'évidence neutre dont j'attendais que le complet secret me soit révélé. Ce jour-là, allongée dans le cabinet sombre de l'échographiste, un instinct s'est levé soudainement au fond de moi, et cet instinct me disait que je m'étais laissé piéger. Les chuchotements quotidiens dans ma tête ont enflé d'un seul coup jusqu'à devenir cette voix stridente qui sifflait : *Ce monde est un trou béant de cupidité et de violence, et tu devras expliquer que tu le savais.*

«Il dit que nous ne sommes qu'un maillon de la chaîne de ceux qui veillent sur cette terre et qu'on ne peut pas l'abandonner juste parce que c'est plus dur aujourd'hui qu'hier.»

Le *fracking* perturbait l'hydrogéologie des sols dont les surfaces s'asséchaient sans raison apparente et je le savais. Certaines sources s'étaient mises à dégager une odeur de soufre tellement douteuse que nous en avions condamné l'accès aux troupeaux et je le savais. Sur l'un des paddocks du nord de la station, j'avais regardé blanchir mois après mois les troncs morts des *brigalow trees*, après qu'un printemps, au terme d'un lent dépérissement, ils n'avaient plus produit une seule feuille. L'Isaac n'était plus depuis six ans déjà qu'un lit vide, un large vallon sablonneux et blond qui ne se remplissait qu'au moment des plus fortes pluies, dans lequel mon enfant serait la première d'une génération à ne pouvoir ni être baptisée ni jouer. Charles, lui, me répète que les terres changent. Pour différentes raisons, à différentes vitesses, les terres changent. Il n'est pas d'espace immuable. Il dit que nous ne sommes qu'un maillon de la chaîne de ceux qui veillent sur cette terre et qu'on ne peut pas l'abandonner juste parce que c'est plus dur aujourd'hui qu'hier. Notre devoir est d'être là pour l'accompagner, la regarder changer en essayant de comprendre comment nous adapter à ces changements, quels qu'ils soient et d'où qu'ils viennent si nous n'y pouvons rien, et de la protéger au mieux de ceux qui la détruisent. Il pense que lorsque les concessions auront sorti du sol tout le charbon et tout le gaz qu'elles voudront, elles s'en iront et quelque chose d'autre pourra arriver. Mais pour cela, il faut que nous restions et que nous les empêchions de transformer les lieux en un gigantesque cimetière sur lequel rien ne poussera plus jamais.

Je regarde Charles et Claire se lever de table après le déjeuner et se préparer à repartir au travail. Charles étend son bras vers moi alors que je me lève pour rejoindre la galerie jusqu'à laquelle il m'accompagne. Une fois que je suis assise dans le rocking-chair, il caresse mes cheveux et me fait un clin d'œil avant de se diriger vers la sortie. À cet instant, Claire entre dans la galerie et vient s'asseoir à côté de moi. Elle m'offre le regard lumineux qu'elle réserve à ceux dont elle déshabille en toute désinvolture candide la conscience, et me sourit avant de se tourner vers le jardin avec l'air grave et un peu grandiloquent, qui presque toujours précède l'une de ces déclarations dont elle a le secret. Elle mâche lentement une moitié de scone tandis que l'autre repose dans sa petite main potelée. « Tu t'inquiètes trop », me dit-elle. Même après des années de pratique, il arrive que l'à-propos désopilant des remarques de Claire m'agace. Il arrive que son extralucidité me pèse, surtout lorsqu'elle exerce celle-ci sur des pensées que je me donne toutes les peines du monde à maintenir dissimulées. Je m'applique à laisser échapper aussi silencieusement que possible l'air du soupir qui a gonflé ma poitrine avant que j'aie pu le réprimer, ménageant incidemment l'exact silence dont le goût innocent de Claire pour les petits effets théâtraux s'accommode parfaitement. Quand tout l'air est expulsé de mes poumons, j'inspire profondément et m'arme de courage pour lui donner la réplique. « Pourquoi ? », je lui demande en regardant moi aussi droit devant moi. « Parce que », dit-elle, hésitant un instant comme si elle pesait chaque mot avant de poursuivre, ayant apparemment décidé qu'il n'était pas de formulation plus claire : « Le charbon, ça ne se mange pas. » Puis elle met la deuxième moitié de scone dans sa bouche avant de se lever et s'éloigne sans hâte à la suite de Charles.

CHAPITRE 3
DERNIÈRE LUNE

—

Mathéo Fradet

3.

Les hommes n'ont pas su se satisfaire de ce qu'ils avaient. La Terre épuisée, certains partent vers d'autres horizons planétaires. En commençant par la Lune ?

Il se presse dans les couloirs du métro.
Un peu tendu, il range son masque et cherche du regard le panneau qui lui indiquera la direction.

Sortie à droite.
Un escalier.

Il monte tout en vérifiant sa montre.

8 h 39.

Un rapide calcul de la distance qu'il lui reste à parcourir lui fait accélérer le pas.

Son vol est prévu dans moins de deux heures.

En haut des marches, il trébuche sur un homme étalé dans le couloir. Celui-ci ronchonne à peine. Il s'excuse à demi-mot, un peu gêné de ne pas l'avoir vu.
Le long du mur, de nombreuses personnes assises, d'autres debout. Elles conversent, mangent, dorment, écrivent, attendent, l'air hagard. Il se fraie un passage, devant à plusieurs reprises en écarter de son chemin.
Certains l'interpellent.

Il ne s'arrête pas.

À l'extrémité du couloir, au niveau des portiques de sortie, un agent lui demande son pass. En règle, il est invité à pénétrer dans le sas qui lui permet d'accéder aux ascenseurs. Un couple arrive à sa hauteur et le salue amicalement.

Il répond la tête baissée juste avant que les portes ne se referment sur lui.
Une cabine descend.

Des individus visiblement entrés par effraction sont poussés à l'extérieur par la sécurité. Plongé dans ses pensées, il ne détourne pas le regard.
L'atmosphère entourant le Centre lui paraît chargée, grouillante d'une indécise tension. Il a cette sensation de ne pas reconnaître les lieux, comme si c'était la première fois.
Une agitation sourde l'a envahi.
Il a pourtant déjà fait ce trajet.
Il appréhende.

« *Ce matin, il prend un aéronef pour la Lune. Le dernier.* »

Ce matin, il prend un aéronef pour la Lune.
Le dernier.

Les réserves mondiales de carburant sont épuisées.

Profitant de l'ultime navigateur propulsé à l'or noir, il vole vers de nouvelles ressources énergétiques. Il fait partie d'un petit groupe chargé par le CNRS depuis cinq ans de mener un programme d'études et d'extraction de minerais lunaires pouvant se substituer au pétrole.

Douce ironie.

Il sort de l'ascenseur.
Il marque une pause.
D'habitude, il ne s'arrête pas, mais là, si. Cela lui paraît nécessaire, comme un désir jamais avoué qu'il aurait dû assouvir plus tôt. Il sourit et se relâche un instant devant cette grande pièce.
C'est l'ancienne salle de projection.
Il était venu avec son père voir un documentaire sur le peintre Lucian. Il lui vient maintenant à l'esprit la grande ressemblance

entre ses portraits aux couleurs morbides et ces personnes dans les sous-sols du métro.
Un petit écran diffuse des images d'archives relatant l'histoire du Centre, construit il y a presque un siècle. D'un œil, il regarde les photos du chantier titanesque pour l'époque et ce trou incroyable avant que le bâtiment ne s'expose à tous.

Jamais il n'aurait pu anticiper ce à quoi il ressemblerait.

Il reprend son chemin avec plus d'allant. Sur sa gauche, un tapis roulant le conduit à vitesse constante vers la zone d'assainissement. Il pose son casque sur le présentoir. Il entre de nouveau dans un sas, sort de nouveau ses papiers, est de nouveau invité à avancer. Il emprunte ensuite les escaliers mécaniques qui le mènent dans le hall d'accueil.
Le portrait de Georges par Victor trône au-dessus des guichets de la compagnie.
À proximité, les panneaux d'affichage des derniers départs.
Il en scrute un avec soin, dirigeant son regard sur le bas du tableau.
Il fait la moue.

Une heure de retard est annoncée.

Un peu irrité, il esquisse un mouvement vers le point d'information pour avoir des explications. Son téléphone vibre et le retient sur place.
Un incident technique.
Il se tourne vers les baies vitrées ouvrant sur l'extérieur et cherche parmi les techniciens s'affairant sur la place, autour des bouches d'aération hors d'usage, une tête connue avec qui passer du temps.
Personne n'attire son attention.
Seul, il se demande quoi faire avant son décollage décalé.

Une intense curiosité s'empare de lui.
Il n'a jamais visité le Centre tel qu'il est devenu. Il le côtoie pourtant depuis qu'il est petit, avec ses tubes de toutes les couleurs, ses immenses vitres, son escalier filant sur la façade qui permet d'accéder à l'une des vues les plus appréciées de la ville et d'embarquer dans l'aéronef.

La détermination de cet édifice l'impressionne, il a toujours eu cette identité autonome, souveraine quoi qu'il advienne de son usage. Un peu comme un individu à la personnalité tranchée qui aurait évolué au fil des années, pris du poids, changé de coupe de cheveux, de style vestimentaire, fait de l'exercice, enfanté, vieilli.

Sous ses yeux, des souvenirs prennent vie.
Il se voit jouer dans les œuvres lumineuses et sonores de Ryoji, se perdre dans les rayonnages de la bibliothèque, être grondé par un membre de la sécurité pour avoir tiré sur les filets d'Ernesto dans la galerie permanente.

Un sourire enfantin s'est esquissé sur ses lèvres, il se dirige vers le plan le plus proche, prêt à explorer.

Il se situe dans l'ancien forum, un espace qui invitait la ville en son sein, baigné de lumière, avec ses grandes fenêtres animées par des activités souvent éphémères.

Une autre époque.

Le Centre est sous une bulle de verre dessinée par le petit-fils de Richard.
Il appréciait ce dôme géodésique à l'origine, mais les raisons de sa construction n'ont rien à voir avec le militantisme écologique de l'architecte et de son grand-père. L'air surpollué de la ville a accéléré la prolifération de maladies respiratoires ainsi que le processus d'oxydation des structures métalliques et bouché les systèmes de ventilation, forçant la municipalité à doter le Centre d'une nouvelle peau, un cocon protecteur et sécuritaire.
La population en est exclue.
À l'extérieur, on est tenu de porter masque et casque.
Des techniciens ont remplacé les pigeons et les badauds flânant le nez en l'air sur la piazza.
La pente douce s'est habillée d'un enrobé servant de tarmac aux engins et où il n'est plus question de s'asseoir.

Une nuée de marginaux, accueillis par le passé, s'entassent désormais aux abords. Au fur et à mesure, ils se sont construit des abris de fortune, s'installant comme ils le pouvaient, avec les matériaux qu'ils trouvaient. Cet aggloméré de vies errantes en attente émaille la bulle d'une écorce chaotique et organique qui le rebute au plus profond de lui.

« Au fur et à mesure, ils se sont construit des abris de fortune, s'installant comme ils le pouvaient, avec les matériaux qu'ils trouvaient. »

Où est passée l'humanité avérée de ce lieu autrement plus multiple et mélangé, où sont ces vieilles personnes ayant lâché prise dans la course contre le temps et passant des après-midi interminables à découvrir des images d'archives ou des documentaires, ou encore ces gens de la rue qui occupaient le désespoir et la lenteur de leur journée en lisant et étudiant des sujets qui ne leur serviraient peut-être jamais ? Où sont ces hommes, ces femmes, d'horizons singuliers, ne s'étant jamais approché d'œuvres d'art et ritualisant le geste même d'aller au Centre ?

La nostalgie a percé ses pensées.

L'aéronef permettant de faire la traversée spatiale occupe la place et la fontaine où les enfants jouaient avec les sculptures de Jean et Niki lors des fortes chaleurs.

Il a découvert très récemment que les travaux *Cloud Cities* de Tomàs et les gonflables de Hans ont été fondateurs pour la conception des appareils assurant le transport vers la Lune.

Le forum, c'est peut-être le seul endroit qu'il connaît toujours, habitué à s'arrêter et discuter avec les gens qu'il rencontre dans ce vaste volume avant de passer à l'enregistrement.

Il poursuit l'exploration du plan.

Niveau –1 : entrée sécurisée et stérilisée et ateliers de maintenance.

Niveau 0 : forum et enregistrement.
Niveau 1 : espaces d'attente, de repos et de restauration.
Niveau 2 : administration du Centre.
Niveau 3 : archives et laboratoires expérimentaux.
Niveau 4 : zone d'arrivée et prise en charge des bagages.
Niveau 5 : galerie et boutiques.
Niveau 6 : zone de départ, terrasses, café.
Atelier de Constantin : poste de sécurité et de coordination spatiale.

Et puis de l'autre côté de la place, sous la fontaine disparue, l'Institut a été réarrangé en un département de recherche en fusion acoustique.
Les chercheurs tentent de mettre au point une approche artistique et écologique de l'écoute spatiale et envisagent le choc d'onde sonore comme une force de mouvement.
Les essais sont embryonnaires, mais il trouve la démarche remarquablement fascinante.

Le niveau 5 retient toute son attention.

Il ne pensait pas que le Centre avait toujours une galerie. Il en est même agréablement étonné.

Il ira là.

Il se présente au guichet pour valider son enregistrement et se lance dans la batterie traditionnelle préalable à l'embarquement, dépose son bagage et s'oriente vers l'escalateur.

« Passager en partance pour un temps indéfini, il s'évertue à imprimer dans son œil les contours, les lumières, les moindres détails de chez lui, projetant déjà la question sans réponse : verra-t-il la même chose en rentrant ? »

Une vive émotion le submerge dès qu'il pose un pied sur la première marche roulante. Il porte son regard vers le haut avant de détourner les yeux vers la droite, dehors. Le plan-séquence de sa montée et le dévoilement cinématographique de sa ville natale lui font échapper un soupir douloureux. Passager en partance pour un temps indéfini, il s'évertue à imprimer dans son œil les contours, les lumières, les moindres détails de chez lui, projetant déjà la question sans réponse : verra-t-il la même chose en rentrant ?

Au niveau 5, à l'entrée de la galerie, il peut lire :

« Raffinerie de pétrole,
hangar,
tas de ferraille,
supermarché,
le Centre et sa reconnaissance populaire. »

Sur un cartel est écrite une série d'interrogations.

« Faut-il que le musée ressemble à un musée ?
Le musée peut-il s'exposer dans un musée ?
Pourquoi le Centre est-il un anti-monument ?
Un bâtiment a-t-il des sentiments ?
Que peut l'architecture pour la Terre ?
Que fait l'Art ? »

Il entre.
Une maquette de l'édifice trône au milieu de la première salle, avec des indications factuelles : un corps principal, 166 mètres de long, 45 mètres de large, 60 avec l'escalateur extérieur et un sommet à 42 mètres. Une hauteur entre deux plateaux de 7 mètres, sauf celle du forum qui est de 10.
Huit niveaux accessibles au public de 7500 mètres carrés chacun, deux niveaux de sous-sol (–1 et 0), le niveau de la rue se situant au niveau 1 de la mezzanine, soit une superficie utile d'environ 45 000 mètres carrés.
Et une petite phrase en bas : « Dedans, l'architecture s'efface, pour n'être qu'espace à manipuler selon sa liberté. »

Dans la galerie, le noir total.
Un petit filet de lumière sur la gauche après une cimaise. En lettres luminescentes, une phrase clignote à un rythme saccadé.

« Une exposition se doit d'être un voyage. »

Derrière, un hamster court sur un petit tapis roulant, entraînant un engrenage qui produit le peu d'électricité nécessaire au fonctionnement du dispositif.

Plus loin, une vieille télévision, comme on n'en fait plus, passe en boucle des images d'arbres, des frênes, saules pleureurs, arbousiers, baobabs, chênes, et d'autres qu'il ne saurait nommer.

Il s'arrête, essayant de se souvenir de la dernière fois qu'il est allé à la campagne.
Il ne sait plus.

D'ailleurs, il n'y a pas d'arbre sur la Lune.

Dans le terreau de ses méninges, il sent frissonner une interrogation, nouvelle, l'entraînant dans les branches d'un arbre, parmi les feuilles, le soleil lui chauffant une joue, l'air frais frémissant sur ses cils.
Des pensées émergent de la cime.
Après l'effondrement d'une civilisation thermo-industrielle, l'énergie artistique pourrait-elle être le geste constructif de la réalité future ?
Quel monde naîtrait ?
De quelle matière serait-il ?

« Une exposition se doit d'être un voyage. »

Il entrevoit tout à coup la vitalité créative comme une ressource, inépuisable, un dispositif de propulsion, non plus comme amplificateur d'une croissance aveugle et possibilité d'exploitation d'un petit nombre sur le reste des vivants, mais comme mouvement vers un partage désintéressé.

Il se sent naïf, un peu, à s'imaginer que les individus, portés par la capacité à s'exprimer esthétiquement et à continuellement vouloir toucher le cœur de l'autre, puissent être le siège et l'émergence d'une relation intersubjective heureuse, pleine, entière, aux limites indécises allant au delà du seul monde humain.

Si tout ce qui importe n'est plus que beauté, émotion, sens, réflexion, vie, si les hommes deviennent cette caisse de résonance sensible du monde, alors la société qui en résulterait serait d'une simplicité et d'une résilience sans pareilles. Elle aurait ses imperfections, elle exigerait la multitude, devenant un élément parmi d'autres, mais si elle représentait ce premier chaînon, vital, d'où tout découle et sur lequel tout repose, se rattache, alors cela serait incroyablement poétique et vivant, c'est une évidence !
Il rouvre les yeux, convaincu par le flot de ses pensées soudaines.

Une pièce pleine de lumière artificielle l'accueille ensuite.
Dans un coin, une fenêtre avec écrit sur le carreau un mot de Renzo.

« Si c'était un paquebot spatial,
c'est plutôt un paquebot spatial
dessiné par Jules Verne,
c'est-à-dire quelque chose
qui ne volerait jamais. »

La fenêtre donne sur une partie du bâtiment qu'il n'avait jamais vue.
Une toute petite loggia, la place pour un seul homme de se tenir debout et s'accouder au garde-corps.

Il l'ouvre et s'approche du rebord.
Il est hors du dôme.
L'air est difficilement respirable.
En face, un arbre mort sur une terrasse.
Autour de lui, des tuyaux bleus, verts, rouges, et des toits gris. Il doit être sur la façade est.

Il observe en apnée quelques secondes, puis entre de nouveau dans le Centre, sous la bulle.

La dernière salle propose une œuvre d'Anselm, *Age of the World*.
Elle date d'une soixantaine d'années.
Un tas.
Des murs, des cloisons, des planches forment une pyramide d'objets mis en décharge.
Des déchets du bâtiment ordonnés, installés dans un sens spécifique, organisés, esthétisés. Un petit monticule en mille-feuille, qui tel un carottage géologique donne une vision sédimentaire du rebut. Il se croirait au milieu des abris périphériques du Centre.

Il n'est pas certain d'identifier les enjeux de l'exposition et ce qu'il y voit.
Il regarde sa montre.
Son décollage ne devrait plus tarder.

Un peu déconcerté, il se dirige vers la sortie.

Avant de dépasser la porte, il stoppe net.
Posé sur une table, comme oublié par quelqu'un, un livre de quelques pages, l'air de rien, mais au titre inattendu.

Dernière Lune

Il le lit.
Se redresse.
Fronce les sourcils et reste perplexe quelques instants.

Il ne peut pas déterminer l'essence du texte, si c'est une fiction, un document d'archives ou un récit tiré de faits réels.

Selon cet ouvrage écrit par un écrivain inconnu se présentant comme historien désuet, le Centre aurait accueilli des fonctions et des populations parallèles en toute discrétion, dans ses coulisses.
Plusieurs nouvelles sont proposées.

Un premier récit.

À l'abri des regards, caché derrière des cimaises, sur une partie d'un plateau accessible par les zones de service, Tadashi, l'homme aux « parasites », épaulé par des architectes, a construit des cabanes servant de centre d'accueil pour réfugiés au moment des catastrophes climatiques et des grands bouleversements écologiques. Et pendant une année, un petit village en autonomie au sein du Centre a distribué des restes de restaurants, prétextant des œuvres participatives pour récupérer des vêtements et des objets nécessaires à son fonctionnement.

Troublant.

Une autre histoire relate l'existence sur une partie de la toiture d'une réserve naturelle où des animaux étaient récupérés, soignés, puis réintégrés dans leur milieu naturel.

L'image du Centre en arche de Noé l'amuse.

Enfin, des salles pour le stockage d'œuvres ont servi à faire pousser et protéger des espèces végétales rares, anciennes, en voie d'extinction. Elles ont été replantées dans le plus grand secret.

« L'expérimentation artistique devient une manière nouvelle d'approche du monde, de relation avec l'autre, un maillon premier d'une organisation des choses. »

Dans chaque histoire, l'auteur apporte des éléments de réflexion détaillés et documentés sur les méthodes employées par le Centre. Le geste créatif est pris à chaque fois comme mécanisme technique. Des chants avec des modulations de fréquences afin de prodiguer des soins à des animaux ou des plantes. Des principes d'écritures contraintes pour construire des habitats et orchestrer une société autonome.

Jouer une pièce de théâtre pour faire de la biologie, écrire un poème pour mettre au point des calculs scientifiques ou bien composer de la fusion acoustique pour créer des théories philosophiques ou transmettre des savoirs. L'expérimentation artistique devient une manière nouvelle d'approche du monde, de relation avec l'autre, un maillon premier d'une organisation des choses.

Il n'a pas le temps de relire ni de démêler l'ardeur qui vient de naître.

L'écho de ses pensées préalables bourdonne et frappe les contours de son crâne.
Tout en parcourant les derniers mètres le séparant de l'entrée de l'aéronef, il ne cesse de retourner la question dans tous les sens. La surprise, le doute, l'étonnement, l'excitation, l'appréhension, les sentiments qu'il ressent sont tous d'une force vive et lui procurent une vague d'adrénaline et de certitude vis-à-vis de cette idée qui a germé.

Dans les tuyaux bariolés du Centre, il voit désormais passer de la musique, de la couleur, des textes, de la poésie, de la danse, de la peinture distribuant chaque plateau et alimentant l'air d'un parfum passionné inconnu.

Il en est subjugué, s'asseyant dans l'aéronef, observant ce lieu qu'il ne reconnaît déjà plus.
Comme si à son insu le Centre, tel un organisme vivant, avait agi au gré des changements sociopolitiques, climatiques, économiques, comme s'il avait prémédité ce qu'il adviendrait, de lui, de nous, de la ville, de l'art, de la Terre, et entamé un processus prospectif de transition expérimentale.

Ça ressent quoi une architecture, ça pense tu crois ?, se dit-il à lui-même avant que la poussée ne l'oblige à fermer les yeux.

CHAPITRE 4
GRAINE GERMÉE : MÉTAMORPHOSE D'UNE RUINE

—

Gabriel Guérin

4.

L'histoire se déroule en montagne, dans un hameau abandonné qui reprend vie à travers une reconstruction respectueuse du vivant.

Humus

—

Cette histoire commence il y a trop longtemps, bien avant que ne germe ce châtaignier. Elle débute lorsque les Pyrénées apparaissent au Paléocène et pendant l'Oligocène. De cette orogenèse, des quantités inimaginables de granite ont été créées. La vallée de la Grenouillère en était autrefois remplie, mais le vent, la pluie et les glaciers ont progressivement érodé cette roche plus friable que les schistes métamorphiques. Nous marchons d'ailleurs sur ces derniers au fond du vallon, là où est né notre châtaignier. Ses parents ont vu le jour au XIXe siècle.

La vallée était alors peuplée de moutons, une dizaine de milliers, et presque autant d'humains, sans compter les vaches, les poules, les insectes, oiseaux et petits mammifères sauvages. On pouvait, à ce moment-là, dénombrer bien plus de plants de céréales que de troncs d'arbres. Les habitants se réunissaient pour dépiquer le blé après la récolte, passaient leurs journées aux champs à surveiller les bêtes et à cultiver leur nourriture. Les mois de la mauvaise saison s'écoulaient au rythme de la production de clous et de charbon. Les pierres de schiste étaient extraites ponctuellement pour fabriquer de nouveaux bâtiments: maisons, granges, bergeries et moulins. La Maurèle a été construite là où la neige fondait les matins d'hiver, juste avant le début du chemin conduisant aux meules dans le creux de la vallée. Plusieurs familles y ont vécu; de nombreux enfants ont joué et travaillé autour, certains ont même cultivé des fleurs sur les jardins en terrasses entourant le hameau. Et puis ils sont progressivement partis, cherchant de meilleures conditions de vie à la ville; la guerre et la maladie n'ont pas aidé. Leurs rires ont disparu, emportés avec les vaches et les moutons. Les cheminées ne fumaient plus en hiver. Mais l'eau coulait constamment. Petit à petit, une autre forme de succession prenait possession des lieux. Les herbes n'étaient plus broutées et prospéraient, toujours plus haut, offrant un milieu privilégié pour que de petits arbrisseaux se développent sans craindre d'être piétinés ou coupés. Les pâturages sont devenus des landes où des arbres commençaient même à pousser. D'ailleurs, ce sont eux qui ont eu le dernier mot et la forêt a de nouveau occupé la plus grande part du paysage. Les cerfs, biches, chevreuils et sangliers sont revenus alors qu'ils avaient déserté face à l'étalement désordonné des champs. Mais certaines communautés d'oiseaux sont parties, puisque la disparition des prés signifiait aussi qu'il serait plus difficile de se nourrir.

Quant à ce que les humains avaient construit, ce sont les toitures qui se sont révélées les premiers points de faiblesse. Une neige trop importante ou une branche qui tombait venait abîmer les tuiles et la pluie commençait à entrer. Et il faut moins de temps à une couverture et sa charpente pour s'écrouler qu'à un châtaignier pour grandir. C'est de cette manière que l'eau, premier ingrédient de la vie, arrive à s'infiltrer dans ce que l'Homme a conçu pour s'en protéger. Elle trace son chemin entre les tuiles, le long des éléments en bois, entre les pierres et avec elle, c'est toute une nouvelle existence qui est possible : les mousses et les fougères profitent de l'humidité et de l'ombre apportées par les arbres qui sont parvenus à surplomber les bâtiments. Le mur en pierre est transformé en une forme de paysage qui abrite des centaines d'espèces vivantes.

Abandonnées, délaissées, inhabitées, tel fut le sort de ces constructions de schiste qui sont parfois retournées à leur état primitif : des éclats de roches sur lesquels s'accrochent des lichens, mousses, fougères, et qui forment des refuges pour de petits insectes. Mais certaines ont résisté, mieux protégées. D'autres ont réussi à conserver l'intérêt de certains humains et sont donc restées entretenues, même si ce n'était que pendant une saison.

Il y a quelques années, lorsque j'ai découvert cet encart de la vallée, seuls deux hameaux étaient toujours habités, quatre autres avaient été abandonnés. Certains bâtiments étaient en train de glisser dans un processus de dégradation naturelle, d'autres avaient été protégés, mais sans être occupés. Il régnait, pour ainsi dire, un sentiment d'entre-deux; comme si le territoire restait figé à la croisée des chemins, sans avoir encore décidé quel sentier il allait emprunter. Cette immobilité, c'est cette fissure qui s'est ouverte dans un mur et cette question: consolider ou laisser faire ?

C'est toujours plus facile de laisser faire, se laisser aller, ne pas intervenir. Et tout revient finalement à se demander de quelle manière utiliser l'énergie dont nous disposons en tant qu'humain. Alors je me suis décidé à ne pas laisser tomber le mur de ce bâtiment délaissé. Cette idée simple s'est avérée une graine féconde puisqu'elle a réussi à germer.

«L'air est rempli du parfum de la chaleur de la montagne; c'est une senteur qui mêle l'odeur de l'écorce des résineux, les exhalaisons des fleurs ouvertes, les émanations des murs de schiste recouverts de végétation sous le soleil.»

Dormance

—

C'est à la fin d'un été que cette graine est tombée dans le sol, un peu par hasard, au cours d'une excursion en montagne. Je n'étais pas seul: Mathilde, qui partage ma vie, m'accompagne dans cette aventure ; les habitants du hameau de Baguet nous conseillent, d'autres encore se sont joints à nous autour de cette graine qui n'escomptait que le début d'un printemps après un hiver rigoureux pour germer.

Pour l'heure, l'air est rempli du parfum de la chaleur de la montagne; c'est une senteur qui mêle l'odeur de l'écorce des résineux, les exhalaisons des fleurs ouvertes, les émanations des murs de schiste recouverts de végétation sous le soleil, les effluves d'un sol meuble mais mince sur la roche mère et le souffle du vent dans les feuilles des châtaigniers. C'est un parfum entêtant et je reste parfois des heures assis sur un muret à regarder le paysage, en m'imprégnant de ces odeurs. Un lézard vient par moments s'installer près de moi, sur la roche chaude. Des papillons, principalement des vulcains, volent autour des fleurs de buddleia, une espèce invasive formant de larges taillis. Je les retrouve d'ailleurs jusque sur le versant opposé ; je pense avec une note de tristesse à ces fleurs sauvages qui ne pourront peut-être pas se reproduire par manque de lépidoptères, d'abeilles ou de bourdons, trop occupés avec ces fleurs exotiques.

« Parfois, j'entends les sons d'immenses oiseaux parcourir le ciel, des avions, étrangers presque indésirables dans ce paysage de montagne. »

Dans le silence de la montagne, j'écoute par moments quelques chants de rouges-gorges et de mésanges à longue queue ; certains après-midi, ce sont principalement les cris de buses variables que j'arrive à identifier. Parfois, j'entends les sons d'immenses oiseaux parcourir le ciel, des avions, étrangers presque indésirables dans ce paysage de montagne.

Nous installons une tente à proximité d'une petite bâtisse tombée en ruine dont il ne reste que les murs en pierre, certes très épais, mais recouverts de lierres et d'autres plantes. Une nuit de septembre, nous entendons le premier brame d'un cerf suivi rapidement d'un semblable ; c'est enfin toute la vallée qui résonne au son des cervidés. C'est un concert saisissant auquel nous avons l'impression d'assister aux premières loges, séparés simplement par la fine toile de la tente.

Cet habitat ne nous autorisera pas à passer la saison froide, souvent capricieuce, entre vent, pluie et neige. Nous obtenons par chance l'accord pour exploiter une grange abandonnée à proximité du hameau occupé de Baguet à cinq minutes à pied. La dernière personne à avoir utilisé cet édifice répondait au nom d'Angèle, c'est donc sous la dénomination de grange d'Angèle que nous décidons de parler de cette bâtisse en pierre. Elle nous permettra de survivre à notre premier hiver sur place. Certaines tuiles se sont cassées sur la toiture et, par le trou ouvert, de l'eau s'est écoulée sans doute depuis plusieurs années, rongeant progressivement le plancher dont la moitié s'est finalement écroulée. En montant sur la couverture pour réparer cette fuite, je repère des tuiles tapissées de feuilles et de mousses; ce sont presque les prémices du sol que j'identifie, accompagnées de leur cortège d'insectes. Nous aménageons le niveau inférieur, au contact de la terre, là où auparavant venaient se réfugier les animaux d'élevage; l'étage supérieur est conservé ouvert: il sert d'abri à quelques chauves-souris, des chouettes; des plantes ont même colonisé quelques-unes des pierres qui reçoivent le plus de soleil. Nous avons néanmoins refait un plancher qui peut non seulement nous isoler du froid de l'hiver, mais aussi apporter de la lumière en dessous, puisque nous l'avons percé pour installer des fenêtres de récupération.

La grange d'Angèle est transformée en atelier d'expérimentation de notre rapport à ce territoire. Du statut d'étrangers, nous nous métamorphosons progressivement pour former une des facettes du lieu. Les premières neiges apparaissent au mois de décembre; sans détour, nous sommes coupés du reste du monde: la route est devenue impraticable pour quelques jours. Les promeneurs qui devenaient de plus en plus rares avec le froid disparaissent alors complètement. C'est dans ces moments-là qu'un grand souffle de sérénité nous parcourt. Loin sont les voitures et les habitudes de consommation, loin sont les brouhahas et la fébrilité d'une journée citadine. Longtemps, nous restons assis sur un petit banc sous l'appentis en bois, serrant nos corps entourés de plusieurs épaisseurs de laine. Mais bientôt, l'engourdissement disparaît devant la beauté des flocons de neige tombant du ciel, s'accrochant aux épines du douglas et chutant sur le sol déjà recouvert. Nous oublions le froid qui s'installe dans le nez tandis qu'une biche s'approche sur le chemin, s'arrêtant par moments pour dégager une couche de neige afin d'arracher quelques brins d'herbe encore verts. Plus loin, ce sont deux sangliers que nous entendons fouiller la terre à la recherche de nourriture. Nous sommes deux devant cette immensité et, contrairement à ce que l'on pourrait croire, rien n'est immobile : que ce soient les flocons, les animaux ou même les branches des arbres, ployant et se relâchant lorsqu'un paquet de neige tombe, tout nous paraît si expressif. Nous aussi nous nous sentons profondément vivants à ce moment-là, le cœur gonflé d'une joie simple et d'un plaisir d'être présent.

En rentrant, nous récupérons quelques châtaignes dans le grand baquet que nous avions pris soin de remplir avec tous ces fruits ramassés au milieu de l'automne. Elles vont rejoindre des légumes que nous disposons dans un plat qui ira dans la cuisinière à bois. L'hiver passe lentement au rythme des repas que nous prenons le temps de concocter, des chutes de neige et des fontes, des tempêtes et de la coupe des arbres qui sont tombés. Nous consacrons régulièrement des après-midi à réfléchir à la façon dont nous pourrions occuper quelques-unes des ruines d'anciennes granges ou petites chaumières. Les longues journées de grand froid à devoir rester en grande partie à l'intérieur nous permettent de préparer la suite de l'aventure et de tout mettre en œuvre pour que la graine puisse germer.

Petite pousse

—

Les premières douceurs du printemps coïncident avec l'acquisition d'outils pour travailler le bois. Nous avons proposé de transformer en atelier l'étage supérieur de la grange d'Angèle et de créer une association pour mettre en commun les appareils ; certains habitants se sont joints à cette initiative. Bientôt, l'atelier résonne des raclements du métal des ciseaux sur le bois, des passages de scies et par moments du bruit plus désagréable des machines électriques pour découper rapidement des sections de bois plus larges. L'atelier est toujours ouvert sur l'extérieur, mais avec le printemps, les animaux dormant le jour ont trouvé d'autres abris. Nous avions pu commencer à entreposer et à faire sécher des arbres tombés au sol par la force des tempêtes ; ce sont eux qui nous permettent de réaliser les premières expérimentations. La ruine que nous avions identifiée pour débuter et auprès de laquelle nous avions préalablement installé la tente offre une surface intérieure de 4 par 7 mètres. Nous souhaitons créer un habitat à l'intérieur de ce bâtiment délaissé. Il doit être démontable afin de n'avoir aucun effet sur le territoire à long terme et pour que nous puissions l'emporter avec nous si nous choisissons d'aller vivre ailleurs. Cela nous permet aussi de limiter le plus possible notre intervention sur les murs en pierre pour conserver toutes les plantes qui s'y sont développées et tous les insectes qui y ont trouvé refuge. Nous décidons néanmoins de déconstruire la paroi sur le côté sud pour disposer par la suite de grandes fenêtres. Les blocs de schiste sont lourds; les retirer du mur pour ériger un long banc à proximité nous fait prendre conscience du temps et de l'énergie nécessaires pour bâtir de telles structures. Nous prenons soin de préserver directement sur la roche les espèces végétales qui s'y sont fixées et lorsque cela n'est pas possible, nous les détachons pour les réinstaller rapidement sur le muret. Cette activité nous occupe tous les matins durant deux semaines.

L'après-midi, nous le passons à l'atelier à fabriquer l'ossature principale du futur habitat: quatre grands portiques en bois de châtaignier suivant un système de ferme à blochets. Toutes les pièces de bois sont assemblées sans métal, à la force de nos bras et au moyen de découpes inventives. Là où nous nous sommes autorisé l'usage de l'acier, c'est pour l'élaboration des panneaux qui constitueront les parois. Pour les confectionner, nous avons choisi d'employer le bois d'une scierie située sur le versant opposé; les gérants étaient même enthousiastes à l'idée que leur bois puisse être utilisé juste à côté plutôt que d'être envoyé à l'autre bout de la France ou encore à l'étranger. Il y a comme un déracinement des ressources disponibles à proximité et le prix l'emporte souvent sur l'origine du produit... Grâce à ces hommes et femmes de la scierie, nous avons pu accélérer la fabrication de nos panneaux de murs tout en sachant d'où venait la matière première et qui étaient les êtres humains qui l'avaient coupée et préparée pour nous. En levant la tête et en regardant à travers l'ouverture entre le mur de l'atelier et le début du toit, nous pouvons voir la forêt qui a produit le bois que nous façonnons avec les ciseaux. Nous avons en tête les animaux qui y vivent et les champignons que l'on peut y voir à l'automne.

Nous sentons un lien, presque intime, avec la matière que nous travaillons.

Nous choisissons de remplir ces caissons avec de la laine de mouton pour nous protéger du froid. C'est apparu comme une évidence lorsque nous avions passé certains beaux jours à parcourir la montagne et à rencontrer des troupeaux de brebis parfois accompagnés par un berger et ses chiens. C'est pour nous une façon d'encourager cette activité qui permet non seulement à des humains de vivre d'une manière qui leur convient, mais également de préserver les paysages de prés et d'estives. D'ailleurs, une habitante du hameau de Baguet possède quelques brebis. Nous aussi souhaitons développer cette pratique pour rouvrir d'anciens pâturages et favoriser une plus grande diversité de milieux. Peut-être que cela encouragera un plus grand nombre de communautés d'oiseaux à venir s'installer et vivre autour de nous. Les vastes espaces conquis par les châtaigniers pourraient devenir des châtaigneraies entretenues naturellement par les brebis ; la laine pourrait servir à l'isolation ou à la fabrication de vêtements et le lait pourrait être transformé en fromages ; et s'il y a du fumier, le jardin potager en bénéficiera. D'autre part, cela nous permettrait de donner un second souffle aux bergeries abandonnées qui tombent aujourd'hui en partie en ruine.

Nous avons rencontré un couple d'humains, Alix et Sacha, qui avait envie de développer une activité avec des brebis et nous leur avons proposé de s'installer ici ; ils ont accepté, charmés par les lieux et par l'idée de travailler la châtaigne. C'est aussi à cette période-là, au milieu du printemps, que de nouvelles personnes ont décidé de venir suivre l'aventure en résidant sur place. Il y avait Xavier et Méline, plasticiens, Arnaud, graphiste, Raphaëlle et Boris, créateurs indépendants de jeux vidéo. Rapidement, il nous a fallu trouver une solution pour que tout le monde puisse se loger et nous ne souhaitions pas reproduire un mode de vie conventionnel fondé sur un modèle urbain ou pavillonnaire. La maison de la Maurèle est devenue l'endroit où nous avons rassemblé tout ce qui pouvait être mutualisé : cuisine, sanitaires, grand séjour et espace de travail. L'eau a resurgi à l'intérieur de la maison et nous nous sommes surpris à être émus lorsque la première ampoule s'est allumée. Xavier et Méline sont arrivés avec une petite yourte et nous avons réussi à trouver un bout de sol presque plat pour qu'ils puissent s'installer. Arnaud, Raphaëlle et Boris imaginaient plus volontiers dormir et pouvoir rester tranquilles dans de grandes chambres indépendantes et bénéficier des espaces partagés de la Maurèle pour vivre le reste de la journée.

«Des rires résonnent à nouveau à l'intérieur de ces murs en pierre et l'odeur des repas se mêle au parfum de la montagne.»

Les travaux de remise en état de la demeure abandonnée de la Maurèle sont rapidement terminés avec l'afflux de ces bras supplémentaires. La cheminée est notamment modifiée et nous installons une grande cuisinière à bois à la place du foyer pour y préparer les déjeuners que nous mangeons tous ensemble. La maison reprend vie. Des rires résonnent à nouveau à l'intérieur de ces murs en pierre et l'odeur des repas se mêle au parfum de la montagne. Il y a comme un air particulier qui souffle sur la Maurèle et il n'est pas rare que des personnes venant d'ailleurs prennent une journée pour nous aider et découvrent que de nouvelles manières de vivre sont possibles et réalisables. Quand ils viennent participer à nos travaux de fabrication, d'utilisation et de réutilisation de ce qui existe à portée de main, nous échangeons sur les futurs éventuels et sur cette perspective de planter d'autres graines dans des lieux différents.

Enfin arrivent les premières livraisons de laine de mouton qui nous permettent dans un premier temps de remplir les caissons de toit et de murs. Il est temps de commencer la construction du premier habitat démontable. Le sol à l'intérieur de la ruine a été dégagé pour sobrement installer un hérisson en pierre et un plancher en bois. Le montage de la maison est simple. Tout d'abord, les quatre ossatures principales sont assemblées par terre à la main, puis nous les levons, à l'aide de cordes, les unes après les autres. Elles sont dressées dans le ciel, presque tremblantes.

Nous poursuivons en posant les panneaux du toit. C'est assez facile puisqu'il suffit de les empiler les uns après les autres. Nous sommes perchés dessus, tels des oiseaux bricoleurs, jouant de la gravité. L'ensemble est désormais bien solide, prêt à résister aux plus fortes tempêtes. Une équipe installe les panneaux de murs tandis qu'une autre s'occupe de l'isolation rigide de la toiture. C'est comme si nous venions recouvrir toutes les faces d'une même couverture, pas un bout de bois ne dépasse. On peut dire que la maison est bien isolée, et qu'elle n'utilisera pas beaucoup d'énergie. Il nous paraît fondamental de limiter toute forme de consommation d'énergie pour prélever moins de ressources dans la nature.

La micromaison est assemblée en moins d'une lunaison après les derniers travaux d'installation du bardage réemployant le bois de l'ancienne charpente trouvé dans les ruines et la pose des bardeaux de bois en toiture. Les grandes ouvertures au sud sont doublées d'un espace de serres dans lequel nous pourrons cultiver des salades toute l'année. Elles nous seront aussi utiles en hiver pour réchauffer l'intérieur ; et lorsqu'il fera trop chaud, nous apposerons des tissus sur les vitres afin de nous protéger du soleil. Il nous a fallu au total un peu moins de quatre mois, la détermination d'une dizaine de participants et à peine 20 000 euros pour fabriquer et élever cette micromaison de 50 mètres carrés avec une emprise au sol de 30 mètres carrés et qui produira plus d'énergie qu'elle n'en consomme avec ses panneaux solaires. La deuxième habitation, pour Alix et Sacha, est confectionnée en même temps et le montage a lieu pendant l'été. Nous réalisons sur un principe équivalent les chambres de 12 mètres carrés pour Arnaud, Raphaëlle et Boris. Tout est terminé avant l'automne et tout le monde possède désormais son petit nid.

Maturation

—

Cela fait un an. Nous sommes une dizaine à être venus nous installer. Nous travaillons sur place, nous cuisinons parfois ensemble et partageons des repas. Nous sommes les habitants de Baguet-Maurèle. Cet automne, nous ramassons le plus de châtaignes possible et commençons la taille et la greffe des châtaigniers ; les brebis arriveront au printemps. Nous en profitons également pour préparer le futur potager en superposant des couches de déchets verts, de paille et de compost. Nous semons ensuite du méteil pour enrichir le sol. Ce jardin, nous l'installons en bordure d'un champ, sur le chemin de crête pour éviter les pentes trop importantes. Nous coupons quelques arbres en bordure pour récupérer le bois et nous plantons à la place des noisetiers pour assurer une lisière.

«L'hiver s'écoule. Nous fabriquons des meubles avec les arbres que nous avons coupés; ils restent ainsi toujours parmi nous.»

Nous avons aussi commencé à réaliser des séries de photos sur ce territoire pour essayer de saisir des instants et de partager les émotions de notre quotidien: ces jeux de lumière extraordinaires à travers les feuillages et sur les mousses, les oiseaux qui nichent sous les toits des nouvelles constructions, la végétation qui s'établit sur un mur en pierre. Nous avons réussi à prendre un magnifique cliché d'un cerf accompagné de trois biches marchant sur le chemin qui mène à notre logis; il y avait une petite brume et le soleil venait créer des jeux d'ombre et de lumière en perçant à travers; en arrière-plan, on peut voir la maison que nous avons construite dépasser des murs de la ruine à l'intérieur de laquelle nous l'avons montée. C'est presque surréaliste.

L'hiver s'écoule. Nous fabriquons des meubles avec les arbres que nous avons coupés; ils restent ainsi toujours parmi nous. Le temps ralentit. Nous pouvons enfin nous ennuyer, lire, écrire, dessiner, cuisiner ou faire ce qu'il nous plaît. Bien sûr, il y a quelques éléments à reprendre: des bardeaux mal ajustés, des pièces en bois qui ont travaillé d'une manière que nous n'attendions pas, et j'en passe. Nous disons parfois que la maison est vivante et nous sommes heureux de profiter de la vie, celle qui vibre en nous, mais aussi celle de tout ce qui nous entoure. C'est tellement émouvant d'entendre le battement du cœur de la terre, les mots que les autres animaux s'échangent sans que nous les comprenions, les murmures des feuilles dans le vent, le chant de la pluie et de la neige, le sourire d'un rayon de soleil sur la pierre. Unisson. Je. Tu. Nous. Vibration profonde qui nous rassemble.

« C'est tellement émouvant d'entendre le battement du cœur de la terre. »

La fin de l'hiver est occupée par la plantation d'un verger rempli d'espèces anciennes de fruitiers. Et avec le printemps, il faut consacrer du temps à prendre soin du jardin, choisir les variétés rustiques et celles qui sont oubliées, semer les graines et veiller à leur bonne croissance. Au milieu du printemps, les brebis arrivent et nous passons les premières journées avec elles. Les greffes des châtaigniers ont repris pour la plupart, elles commenceront à produire d'ici trois ans. Les premiers légumes sont récoltés, pas de quoi nous nourrir tous, mais nous prenons plaisir à les manger. Nous nous améliorerons pour mieux les comprendre en restant attentifs à leurs besoins. L'été arrivant, nous avons pris conscience de la nécessité d'un apport en eau plus fiable que ce que nous avions ; cela a soulevé plusieurs débats quant à la meilleure solution à adopter. Nous avons fini par accepter de créer une adduction d'eau sur le ruisseau en amont, en saisissant l'occasion qui s'est présentée à nous de développer une petite exploitation de fruits rouges en partenariat avec la collectivité. Les plantations seront pour l'hiver prochain.

Nous échafaudons quelques habitats supplémentaires dans le volume d'une ancienne grange dont le toit tenait encore. Cela nous permet d'accueillir quelques visiteurs et amis. Nous avons aussi construit une autre micromaison que nous louons comme gîte à tous ceux qui ont envie de découvrir une nouvelle manière de vivre. Nous gardons contact avec tous et en septembre, nous organisons un petit événement dans la maison de la Maurèle pour réunir ceux qui souhaitent s'installer en développant ce rapport à son foyer et à la vie de manière générale.

De nouvelles graines

—

Nous étions une trentaine dans la maison, plus que ce que nous avions imaginé. À l'issue de cette journée d'échanges, une dizaine ont exprimé leur désir de changer au plus vite leur mode de vie. Nous entretenons des contacts quotidiens avec eux. Je discute également avec les élus d'autres communes du parc naturel régional. Parmi les sites que je découvre à l'occasion de ces rencontres et échanges, je suis particulièrement attiré par un emplacement. Il s'agit d'un territoire plein de ressources, du bois, de la pierre, de l'eau, du soleil, d'une municipalité motivée, des artisans, du potentiel pour retrouver une agriculture de proximité afin de nourrir les habitants et l'école du village; il y a aussi quelques bâtisses de caractère autour desquelles nous pourrions nous installer. Avec Mathilde, nous choisissons de déplacer notre micromaison pour venir nous établir au cœur de cette nouvelle aventure.

Depuis, diverses initiatives ont vu le jour, certains voyagent d'un lieu à l'autre, d'autres restent au même endroit, avec leur troupeau ou leurs arbres. Nous avons créé une forme différente de réseau. Un premier à l'échelle du territoire proche pour devenir autonomes en énergie, même si nous réduisons le plus possible cette consommation, et un autre à l'échelle des territoires pour partager les idées, les connaissances, les sensibilités.

Nous avons pu mettre en valeur les ressources d'un lieu et leur restituer une signification qui permet à tout le monde d'être fier de résider dans ces localités. Nous proposons des façons de vivre dont certains rêvent de plus en plus: une approche plus libre, plus consciente de soi et d'autrui, plus lucide des liens avec ce qui nous entoure, un mode de vie qui laisse le temps et qui donne du sens. Nous construisons avec les ressources à portée de main, sans créer de déchets et toujours en rendant possible un retour en arrière en déplaçant son habitat. Nous bâtissons pour vivre ensemble. Et derrière cet ensemble, il y a non seulement tous ces êtres humains qui ont décidé de se lancer dans cette aventure, mais aussi les mousses, lichens, plantes, arbres et arbustes qui nous environnent, tantôt sauvages, parfois plantés; il y a ces insectes qui vivent dans les murs en pierre, ces oiseaux qui nichent sous les toits et se nourrissent dans les champs, ces chauves-souris qui dorment dans les granges, ces cervidés qui peuvent se déplacer librement dans les espaces que nous utilisons et que nous préservons. Alors derrière ce « nous », il y a la diversité, la pluralité humaine, la multiplicité des relations que nous entretenons avec l'autre, qu'il soit humain ou non, et la complexité des milieux que nous habitons, protégeons et créons.

Ce qui nous permet cela, c'est le temps et l'énergie que nous y consacrons. Nous le pouvons parce que nous vivons en ayant conscience des ressources que nous consommons, nous les utilisons peut-être plus sobrement. C'est un choix de vie. Nous n'avons pas de crédit et nous possédons tous un logement durable et économe ; certes, ce n'est pas une villa, mais cet habitat, nous l'avons bâti de nos propres mains et cela nous a construits aussi. À tous ceux qui rêvent de vivre plus simplement, plus tranquillement, en respectant les végétaux, les animaux, le sol et l'eau, nous avons envie de dire que ce rêve mérite d'être suivi. Courez après s'il le faut, mais n'abandonnez pas : la vie est trop précieuse. Que ce témoignage fasse germer chez vous le désir de rendre ce rêve possible.

CHAPITRE 5
LES CERTITUDES VAGABONDES

—

Juliette Hazard

5.

Récit d'un long voyage à vélo d'un bout à l'autre de la France, réalisé par deux jeunes femmes qui découvrent le monde et les paysages qu'elles traversent.

Chapitre 1

—

Je suis allée à la mer à vélo. C'est ordinaire pour les habitants du littoral. C'est moins banal quand on part depuis La Garenne-Colombes dans les Hauts-de-Seine, un matin de mars. Avec mon amie Michelle, chacune sur notre vélo chargé de deux sacoches, j'ai traversé le Vexin et le pays de Bray pour atteindre Dieppe. Il nous a fallu quelques jours, une centaine de kilomètres dans le bocage. Dès les premiers jours, je ressens de la joie à être exposée aux éléments. J'ai les mains et les pieds froids, le vent qui souffle me donne la migraine. Mes gants et mes chaussettes sont mouillés par les heures de pluie. Néanmoins, je me réjouis d'enfin partir voir du pays.

Nous faisons halte dans la baie de Somme chez Guy et Cécile. Quand elle se pose des questions, Cécile va marcher sur la plage à la recherche de petits oursins fossilisés. Chaque fossile trouvé vaut une réponse à une question. Elle aussi s'en remet aux éléments. Nous restons deux nuits, qui me paraissent être une vie. J'ai la sensation de devoir me déraciner au moment de reprendre les vélos.
Sur la route jusqu'à Calais, je passe devant une maison de vacances dans laquelle je suis allée tous les étés étant petite. Ma grand-mère nous prenait, mes onze cousins et moi, pendant une semaine. Baguettes de pâte à tartiner, tournantes de ping-pong et grands jeux dans les dunes. Revoir cette maison aujourd'hui est un choc. Ma grand-mère est morte il y a quelques mois. La maison, les arbres, le jardin me semblent si petits. Ridiculement petits, quasiment une maison de poupée. Il faut croire que j'ai grandi, le décor non.

Nous traversons le Pas-de-Calais sur des routes humides et des chemins boueux. Nous nous arrêtons faire quelques courses dans un Lidl en périphérie de Saint-Omer qui nous confronte à la misère sociale des environs. J'attends Michelle sur le parking, je garde les vélos. Notre présence ici est cocasse. Nos sacoches d'un rouge et jaune vifs détonnent dans le gris sinistre du ciel, du béton et des caddies à roulettes. Dans un pays confiné en raison d'une pandémie mondiale, nous vagabondons à Saint-Omer. On aime se penser comme des résistantes à naviguer ainsi sans point de chute.

Après une nuit près de Cambrai, nous trouvons sur nos vélos une jonquille discrètement posée par celui qui nous a hébergées la veille et qui a dû partir au petit matin pour sa journée de travail. Une attention d'une simplicité touchante. La jonquille perce le ciel. Pour la première fois, nous roulons sous un grand soleil. Nous sommes parties depuis quinze jours. Quinze jours ou deux mois ? Chaque journée de vélo place la précédente à des années-lumière. À Vervins, en Thiérache, les églises fortifiées sont belles. On file vers les Ardennes. Des cabanes de couleur dans la forêt me rappellent un voyage en Finlande. Nous sommes logées chez un contremaître forestier. Il nous explique que les troncs massifs chargés sur les camions que nous avons croisés à Boulogne-sur-Mer proviennent de ses forêts et sont destinés à la Chine. Ils seront bientôt de retour en Europe, dans tous les foyers fournis chez Ikea.

« On aime se penser comme des résistantes à naviguer ainsi sans point de chute. »

Un jour, alors que nous déjeunions le long de voies ferrées désaffectées en bord de Meuse, un monsieur d'une soixantaine d'années, habitant l'ancienne gare, entreprend la discussion. Nous mangeons, il roule sa cigarette. « J'aime ma Meuse », nous déclare-t-il. Jeune, il rêvait du Canada. « Je vous plains les jeunes. Ce monde dans lequel vous grandissez il n'est pas drôle. Je n'aimerais pas être à votre place. » Que c'est désagréable d'entendre ça !

La Meuse nous conduit à Verdun, chez Dominique, qui fait cohabiter en lui les esprits de Bob Marley et de l'abbé Pierre. Passionné par l'Éthiopie, salarié chez Emmaüs. Il nous écoute. Il nous écoute vraiment. Jusque-là, c'était plutôt notre rôle lorsque nous rencontrions les gens.

À force de suivre la Meuse, nous arrivons à sa source. Décevant petit panonceau sur un tertre quelconque. On discute avec un habitant de Bassoncourt, il regrette que la communauté d'enfants du village ait disparu. Paraît-il qu'à l'époque on ne faisait pas tout un drame quand une glace manquait dans le réfrigérateur. C'est vrai que nous croisons peu de gens ces jours-ci. Seuls les chats et les facteurs viennent briser la quiétude des plaines de la Meuse. Nous gagnons Langres, en Haute-Marne, après une côte des plus démoniaques. Nous trouvons le gîte sans même mettre le pied à terre. Nadine, rentrant chez elle après le travail et interpellée par nos sacoches, nous propose spontanément sa maison. On y mange bien. Fondue de poireaux, omelette aux pommes de terre. Des plats que mes grands-parents auraient pu m'avoir préparés. Je vais les voir bientôt, mes grands-parents. Nous serons chez eux dans quelques jours, à Montchanin, non loin du Creusot. « Montchanin, joli port de pêche », nous avait dit d'un ton ricaneur un brocanteur rencontré plus tôt.

Nous y voici d'ailleurs. Après un mois de voyage, nous y restons une semaine. Autant dire une éternité. Ma famille et Simon descendent de Paris pour l'occasion. Revoir Simon. J'y pense depuis des jours. Je vais le chercher sur le quai de la gare. Je le touche, je le sens. Les appels vidéo, quoique salutaires, ne donneront jamais cela aux amoureux. Un océan entier de douceur m'envahit. Sa peau a la texture d'une mangue mûre que je lui connais bien.
Un soir, tard, je fais un câlin à ma grand-mère pour lui dire bonne nuit. Alors que je la serre dans mes bras, je vois les larmes lui monter aux yeux. Ma jeunesse, sa vieillesse se répondent. Comment fait-elle pour supporter ce qui l'attend ? Le vide, le rien, le tout, le lent, le long, l'infini, l'immuable, l'inertie. Pas de mots entre nous ce soir-là, mais cette étreinte signifiante.

Nous repartons, après ces longs jours teintés d'ennui. Mais l'ennui donne de l'épaisseur au temps et du poids aux jours qui passent. Il rappelle l'enfance. Michelle et moi, on se demande si on est encore capables de pédaler des jours entiers, si on sait encore faire. Il suffit d'un temps d'arrêt pour que nous doutions. Évidemment, on sait encore faire.

À Paray-le-Monial, c'est bien la charité chrétienne qui nous ouvre la porte de la famille Lévêque. On infiltre un univers résolument religieux. Au dîner, après le bénédicité, il est question de la confirmation des uns, des missions évangéliques des autres. « Que Dieu te bénisse », déclare la grand-mère à son petit-fils quand ce dernier monte se coucher. Comme en voyage, les jours se suivent sans se ressembler, nous logeons le lendemain dans une communauté végane qui vit en autonomie dans une forêt de Saône-et-Loire. Nous trouvons une quinzaine de personnes entre 20 et 40 ans qui tentent de vivre autrement. Ils boivent du kéfir et mangent de l'ail des ours. Nous dormons comme eux, dans de petites caravanes, contre une brique chauffée au poêle à bois pour faire face aux nuits fraîches d'avril. C'est trop chaud puis c'est trop froid. Le matin, il y a thérapie-câlin. Il n'y a que nous qui avons quelques réserves sur l'atelier. Un cas de covid et nos pérégrinations prennent fin.

Nous traversons Moulins. Après être passées sous la Loire, nous croisons l'Allier. Nos hôtes du jour sont uniques en leur genre. Pleins de bon sens dans leur petite maison baignée de soleil où gambadent les poules et flotte l'odeur de la tarte aux pommes. Mais nous comprenons après une rapide discussion qu'ils sont complotistes convaincus. Trump est le sauveur de l'humanité et le covid est une manipulation des riches pour anéantir la population mondiale. La discussion est vaine, leurs idées les dominent. Nous partageons pourtant quelques constats avec eux. Surconsommation, déconnexion vis-à-vis de la nature, destruction des ressources... C'est surtout nous qui paraissons les décevoir tellement. Notre démarche itinérante et les baluchons sur nos vélos les ont trompés. Je m'endors avec l'idée insensée qu'ils pourraient venir nous assassiner dans notre sommeil. Après tout, nous faisons partie du système.

Je suis heureuse de me réveiller au matin. La confiture d'églantine au petit-déjeuner est un nectar. Nous nous mettons en selle, et atteignons Charroux. Un ange gardien nous prie d'appeler, une fois arrivées, le potier du village, Jacques. Celui-ci nous apparaît quelques minutes plus tard et nous ouvre, sans plus d'explications, les portes d'une grande maison de pierre. Comme par magie, nous venons de trouver un toit pour la nuit. « Ne me demandez pas où j'habite », nous dit-il. Les muscles sont fatigués, ce sont les premiers dénivelés du périple. La maison est froide, mais les pizzas sont chaudes. Il y a un couvre-feu, mais aussi le coucher de soleil. On contemple sous une grosse couverture l'astre tomber au loin.

On s'attaque au Massif central. Des côtes d'un autre calibre s'offrent à nous. C'est à se demander si le vélo ne va pas reculer dans la pente. Je regarde régulièrement derrière moi et vois la vallée s'éloigner. J'évite de m'arrêter, je me refroidis vite dans la transpiration. Tout à coup se dévoile le Sancy, enneigé. Nous roulons au pied de sommets blancs !

« À Besse, où le relief continue de forcer, le moral fléchit. Le ciel est si bas, les pierres sont si noires. J'ai besoin de soleil moi, cette énergie qui me transcende. »

Nous arrivons à Murol, enclavé dans les montagnes. Les pierres noires avec lesquelles est bâti le village m'oppressent. Nous trouvons refuge chez Didier, dont nous étions méfiantes au premier abord. Mais Didier nous comprend. Il rêve d'un nouveau rapport à la nature, aux autres, au monde. « Ce n'est pas en tant que consultant dans ton bureau que tu es puissant. Tu es puissant sur ton vélo. » Il comprend notre voyage, qu'on a voulu sans but. Nous cherchons la liberté, la liberté, la liberté. Lui, il ne nous demande pas pourquoi nous n'avons pas cherché de sponsors, ou pourquoi nous ne réalisons pas un documentaire sur ce voyage. Il ne nous prodigue pas de conseils, ne nous suggère rien. Chez Didier, c'est « co-dodo » en famille. Tout le monde dort sur deux grands matelas mis côte-à-côte. « Quand on dort, on ne ment pas », explique-t-il.

À Besse, où le relief continue de forcer, le moral fléchit. Le ciel est si bas, les pierres sont si noires. J'ai besoin de soleil moi, cette énergie qui me transcende. À la fin de ce mois d'avril, le paysage est très automnal dans cette région. Nous montons encore et traversons le désertique plateau du Cézallier. Deux jeunes gens près d'une grange répondent à notre « bonjour » avec un enthousiasme particulier. Nous nous arrêtons, ce sont Justine et Thomas. Respectivement originaires de Lyon et de Paris, ils ont acheté cette grange l'été dernier et la rénovent de leurs mains à partir de techniques anciennes. En attendant, ils dorment dans leur caravane. Ils viennent de la ville, ça se voit, physiquement même. Je me reconnais en eux. Ils me ressemblent et ils font ce choix ! Inspirant. Certains choix ne demandent que du courage, semble-t-il.

Brusquement, la météo se dégrade. Le brouillard tombe, il fait très froid. Il neige. Nous finissons par trouver une maison que Justine et Thomas nous ont indiquée. Ce sont des amis qui songent s'installer durablement dans ce hameau isolé. La maison ressemble à une cabane de pêcheurs, seule au bord d'un lac. Des images d'un James Bond en Écosse me viennent en tête. Nous dînons d'une raclette très réconfortante en compagnie de Justine et Thomas et leurs amis. Tous ont l'envie d'une vie plus sobre, au contact de la nature. Je propose à Michelle de ne pas repartir. Je me sens trop bien ici. Nous les aidons le lendemain sur le chantier de la grange. On se repose, on écrit à nos familles.

« Nos 23 ans nous font dire que "c'est tellement compliqué". »

Nous les quittons finalement, et filons en glissant sur une petite route de campagne dont la France a le secret. Elle zigzague en douceur et dévoile virage après virage une fresque désertique. Même pas besoin de pédaler, la pente nous entraîne. J'espère que cette route ne s'arrêtera jamais. Bien sûr, elle finit par s'arrêter. C'est de bonne guerre. Reviennent ensuite les villages, la vallée, une série de fortes côtes. On entre dans le Cantal. Pour le déjeuner, nous nous abritons dans les ruines d'une ferme. L'amitié est au cœur de notre discussion ce midi-là. Nos 23 ans nous font dire que « c'est tellement compliqué ».

Pour la première fois du voyage, nous faisons usage de la petite tente rouge que Michelle porte depuis le départ à l'arrière de son vélo. Nous décidons de bivouaquer, mais cela ne réussit pas à ma comparse, qui se réveille fatiguée et irritée. Nous reprenons les routes tortueuses du Cantal qui nous conduisent sur des plateaux fort jolis. Au déjeuner, je mange un sandwich qui me donnera soif jusqu'au lendemain. De nouveau, une forte côte. J'ai lu que faire du vélo, c'est prendre la géographie à bras-le-corps.

À Ruynes-en-Margeride, un cheval se fait changer les fers par la maréchale. Nous trouvons le gîte chez la propriétaire de l'animal. Celle-ci, initialement très déstabilisée par notre demande et trahie par son rire nerveux, se déride peu à peu. Judith nous raconte son histoire avec un fatalisme qui nous fait bondir. Elle a passé sa vie dans sa grande maison de pierre dont elle garde les volets fermés, quelle que soit la saison. À la fin de ses études de vétérinaire, son mari et ses associés, diplômés un an auparavant, ont refusé qu'elle les rejoigne au sein de leur cabinet. « Une femme, ça ne fait pas vêler une vache. » Dépitée, Judith avait accepté son sort et s'était consolée avec ses balades quotidiennes à cheval à travers les collines cantaloues. Aujourd'hui, elle le regrette intensément, et je crois que de nous voir vagabonder très librement a ravivé la blessure d'une émancipation manquée. La rencontre du mari au dîner est intéressante. À table, celui-ci nous interpelle : « Vous êtes des *wokes*, alors. » *Woke,* je ne sais même pas ce que cela veut dire. Mais lui a entendu ce mot sur France Inter et croit pouvoir nous définir. Le terme désigne ceux qui militent en faveur de toutes les minorités, du climat. « Eh bien nous, ça nous fait bien rire, parce que toutes vos causes, elles ne nous parlent pas. On se sent tellement loin de vos idées. »

Le jour suivant, c'est sous la tente que nous dormons. Nous nous arrêtons plus tôt que prévu car le dénivelé est fort, et l'effort est à renouveler. Nous nous posons au bord d'un étang communal, mais nous n'avons plus d'eau. Je me propose d'aller seule au village voisin pour en quémander tandis que Michelle monte le camp.

Je mets dix minutes à y parvenir à vélo, et fais la connaissance de Marie-Thérèse. « Venez remplir vos gourdes à l'eau de mon puits, en soixante ans elle ne m'a jamais rendue malade. » Nous discutons, elle me touche. En dix minutes, elle devient comme une amie. En repartant vers le camp, les gourdes remplies, le soleil me chauffant le dos, la forêt jouant une douce musique, j'ai un sentiment de liberté immense. Je crie « Je vis ! » et je souris. Au camp, un couple et son enfant font un barbecue. Ils sont Albanais, arrivés en France depuis peu, à la poursuite d'une vie meilleure. Ils nous font goûter à l'Albanie avec leur cuisine au feu de bois, dans cette petite forêt de Lozère.

Le lendemain nous réserve une véritable ascension, sur un fond spectaculaire. D'abord, le climat est aride et désertique, nous passons le lac de Charpal à 1326 mètres d'altitude. Puis soudainement vient la forêt, très dense. Il fait sombre et la température baisse nettement. Et brusquement encore, la forêt cesse pour laisser place à un paysage vert et sec, mais aussi plus urbanisé. C'est comme si le rideau d'un théâtre s'était baissé sur un décor, nous plongeant dans le noir, avant de s'ouvrir sur une nouvelle scène où s'écrira la suite de l'histoire.

Cette suite s'écrit avec Sonia, qui nous accueille ce soir-là à Bagnols-les-Bains dans les Cévennes. Sonia a fait de son jardin très pentu de petites terrasses où faire pousser tout un potager. Celui-ci est impressionnant par le soin dont il fait l'objet. Il est tenu au cordeau. Sonia aime faire du troc avec ses voisins pour obtenir de nouveaux semis. « Ça crée du lien », nous dit-elle. Malgré cette nuit réparatrice, le dénivelé cévenol et les journées humides qui s'enchaînent nous éprouvent. Nous avons besoin de nous reposer durablement, plusieurs jours. Léger demi-tour vers Mende, où Bérénice, Lou et Jade peuvent nous accueillir le temps qu'il faudra. C'est-à-dire quatre nuits. La pause est opportune, il pleut sans arrêt. Nous repartons requinquées grâce aux trois petites fées qui ont rendu notre séjour confortable.

La descente sur Quézac et Ispagnac est un petit miracle. Dans les lacets qui nous ramènent à la vallée, nous sentons pour la première fois depuis notre départ de l'air chaud. De l'air chaud. Cela peut paraître anodin, mais c'est si réconfortant pour nos articulations glacées depuis des mois. Une bascule s'est opérée. La végétation a changé, le vert est plus clair. La nature est plus éclatante, les arbres sont plus luxuriants. C'est tellement plaisant à l'œil, et cela met l'âme en joie. La table de pique-nique du déjeuner au Pompidou est onirique. Dans un jardin aux herbes hautes, une vue imprenable sur la vallée. La magie se poursuit en franchissant le panneau « Département du Gard » à l'issue de la Corniche des Cévennes. La lumière, l'atmosphère, les arbres, les fleurs se transforment. Ils gagnent en couleur, en lumière, en contraste. Il y a du pollen dans l'air. Nous avons franchi la porte du sud.

Viennent Saint-Jean-du-Gard, les maisons colorées, les tags anarchistes, le Gardon sorti de son lit lors du dernier épisode cévenol. Nous sommes accueillies par Ronan, dans la maison de sa grand-mère, laissée dans son jus depuis les années 1900. La cuisine se fait au poêle à bois, et la chasse d'eau est un seau. Notre hôte nous fait goûter sa carthagène, l'alcool local qu'il fait lui-même dans une grande bulle de verre. Il nous explique les guerres de Religion dont les Cévennes ont été le théâtre et l'origine de l'identité rebelle du Larzac. Ronan partage avec nous sa soupe au chou, nous apprend un jeu de cartes et nous fait passer une soirée d'une simplicité puissante et sincère. Nous repartons le lendemain selon son itinéraire. La voie verte jusque'à Saint-Hippolyte est quasi irréelle. À l'abri des voitures, c'est un petit écrin de vert dans lequel on se sent bien. Légèrement surélevée, elle offre une large vue sur la vallée. On glisse sans effort, on met de la musique.

Nous arrivons à Montpellier. Première grande ville depuis un moment. Il y fait plus chaud qu'ailleurs, la chaleur urbaine ne nous avait pas manqué. Une amie nous amène au rendez-vous hebdomadaire de la chorale militante dans laquelle elle chante. Le groupe d'une quarantaine de personnes se réunit dans un squat du centre-ville pour répéter des chants de lutte. En chœur résonne le refrain : « Église, parlement, capitalisme, État, magistrature, patron et gouvernant, libérons-nous de cette pourriture. Pressant est notre appel. Donnons l'assaut au monde autoritaire. Et d'un cœur fraternel, nous réaliserons l'idéal libertaire. » Il y a aussi un chant féministe mexicain ou encore d'anciennes chansons anticoloniales en créole. Nous sommes dans un monde à part qui chante haut et fort ses idéaux. Le chant en grand groupe a quelque chose d'entraînant, d'envoûtant, de puissant. Mais aussi d'un peu inquiétant.

Nous allons revoir la mer. Après la Manche, la Méditerranée. Nous avons descendu toute la France à vélo sans autre énergie que nos deux jambes. Les échelles, les distances, les reliefs sont bousculés. Je sais désormais ce que cela coûte au corps, ce que cela demande en temps de rallier Calais à Montpellier. C'est immense et ce n'est rien à la fois. Je l'ai fait, mais j'ai mis deux mois. Dans un monde où la voiture n'existe pas, je sais ce que je vaux. Quand je plonge doucement dans cette mer Méditerranée encore fraîche au printemps, l'euphorie est grande. Je ne peux pas m'empêcher de sourire à Michelle. Après ce bain particulier, nous siestons à l'ombre de nos vélos sur la plage de Palavas-les-Flots. Nous longeons la côte jusqu'à Sète. Sur les maisons du littoral menacées par la montée des eaux, on peut lire : « Nous ne partirons pas ! » Je me demande si ces habitants s'adressent au gouvernement ou à l'eau qui monte. S'arracher ou couler.

Nous rejoignons le canal du Midi. « Un véritable tape-cul », nous répète Betty, rencontrée sur son vélo électrique au côté d'André lors de leur promenade quotidienne. Tous deux survivants d'amours cabossés, ils se sont trouvés grâce à une annonce passée dans un magazine de camping-car il y a trois ans. À 60 ans passés, ils vont s'installer ensemble à la rentrée prochaine. André est drôle, Betty rigole fort. Durant ces quelques jours, c'est ce qu'on appelle « l'ambiance canal ». Une grosse chaleur, les premiers coups de soleil. Le vert de l'eau, le vert des vignes. Les péniches et les coquelicots. Et ce canal du Midi que nous suivons sans dévier.

En arrivant à Carcassonne, nous tombons sur une marche pour le climat. Nous nous mêlons à la foule. Michelle a l'idée de demander au meneur de cortège de passer une annonce dans son mégaphone. « Deux jeunes cyclistes qui nous rejoignent à Carcassonne et qui font un tour de France à vélo pour rencontrer les gens cherchent un toit pour la nuit. Y a-t-il des gens ici qui pourraient les accueillir ? Merci à tous. » Culotté et efficace, une dizaine de personnes viennent à notre rencontre.

Nous repartons le lendemain sous une pluie fameuse. On se la prend comme il faut. On prend aussi de la hauteur sur la montagne Noire. Le relief fait plaisir après tous les kilomètres plats du canal. Nous découvrons Montolieu, village du livre. Il faudra revenir un jour où les librairies pourront ouvrir... En nous rapprochant de Toulouse par le canal du Midi, nous croisons pour la première fois des voyageurs à vélo, et en grand nombre. Nous avons tous les mêmes sacoches rouges, bleues ou jaunes, d'une marque bien connue. Nous n'avons pas l'air d'aventurières du bout du monde, mais de touristes comme les autres. D'un coup m'apparaît le fait que nous faisons partie d'un système, d'un flux standardisé. Le voyage à vélo comme industrie. Cela me rend triste. Il faut que nous quittions ce canal au plus vite.

« Nous n'avons pas l'air d'aventurières du bout du monde, mais de touristes comme les autres. »

Avant Toulouse, nous faisons escale à Montesquieu-Lauragais chez Aurélien, qui reçoit notre venue comme une bénédiction. Il vit seul dans l'ancien presbytère du village, immense mais dépouillé. Même sa chambre ne dispose que d'un matelas sur le sol et d'une lampe de chevet posée à terre. « La vie m'a réservé des choses surprenantes », nous dit-il. On tente de comprendre qui il est, c'est difficile. Aujourd'hui, il souhaite une vie plus simple dans des choses plus énergétiques, plus primaires. Il a dernièrement fait le kambo, un rituel sud-américain qui permet une purge et une régénération de l'être au moyen d'une allumette incandescente et du venin d'une petite grenouille d'Amazonie. Notre venue est un signe pour Aurélien. Comme si ouvrir ses chakras revenait à ouvrir sa porte.

Nous arrivons à Toulouse par le canal. Pour la première fois, Michelle et moi nous séparons. Je vais passer quelques jours avec Simon qui est venu à ma rencontre. Nous profitons chacun du corps de l'un et de l'autre puisque nos esprits se rencontrent lors des appels vidéo quasi quotidiens. À travers l'écran du téléphone, c'est une voix et un sourire. Ici, c'est un corps et une odeur. Mais notre temps ensemble est trop court. Nous n'avons pas le temps de nous ré-apprivoiser. La frustration prédomine lorsque je le quitte le surlendemain.

Nous prenons la route vers le sud. Nous commençons à bien distinguer les Pyrénées. De mieux en mieux même. Elles sont là, blanc et bleu, comme un mur inébranlable. Nous nous arrêtons à Goutevernisse dans le Volvestre, dans le petit jardin d'Éden de Laurence et Denis. Ils sont maraîchers retraités et sont en train de progressivement passer la main à une jeune maraîchère. Ici, tout est bio. C'est comme un potager familial un peu plus grand que les autres. Selon Laurence, la terre est le bien le plus précieux. Il n'y a pas de pénuries alimentaires ou de sécheresse pour ceux qui ont de la terre et un puits. « C'est le seul moyen d'assurer sa survie en cas de crise climatique. » Alors Laurence et Denis ne veulent pas vendre leur exploitation ni la mettre en fermage. En gardant leur terre, ils se préparent réellement à la crise. Leurs réflexions me rappellent que ceux qui n'en possèdent pas seront démunis quand les bouleversements viendront.

Nous continuons de longer les Pyrénées, qui sont invariablement sur notre gauche. Je me surprends à tourner la tête à intervalles réguliers comme pour vérifier qu'elles sont bien là. Ces montagnes me rappellent aussi qu'on est quasiment au bout de la France. Ou plutôt, elles font me sentir l'autre bout du monde. Cela fait trois mois que nous ne sommes pas rentrées à la maison.

Un matin, alors que nous avons manqué le petit-déjeuner chez nos hôtes, nous sommes invitées à le prendre dans la ferme de Pierre et Brigitte. Les murs de pierre sont épais, et seules quelques lucarnes éclairent la pièce. Sur la table de bois massive, un petit poussin picore les miettes. Brigitte parle fort et rigole beaucoup. Elle met sur la table de quoi pendre un copieux petit-déjeuner. Du fromage fondu, du pâté, des confitures, du pain, du café. Elle descend un saucisson du cochon tué en janvier, qui séchait encore au plafond. Elle nous l'offre en partant, comme un cadeau. Leur

mode de vie n'a rien de comparable au nôtre, jeunes urbaines. On vit sur des planètes différentes, mais Brigitte et Pierre nous accueillent comme leurs propres filles.
Nous entrons dans le Béarn, et déjeunons sur une table de pique-nique aux côtés des employés du département qui coupent l'herbe au bord des routes. Cette journée me fait penser à notre passage dans les Ardennes. La topographie a quelque chose des montagnes russes. Ça monte et ça descend, ça en devient amusant. Il fait froid et il pleut ces jours-ci. À Pau en ce mois de mai, nous prenons un chocolat chaud plutôt qu'une glace. Nous arrivons ensuite à Bayonne, que nous traversons trop rapidement, et empruntons les pistes cyclables bien connues des Landes. Rectilignes, traversant les forêts de pins sur des kilomètres.

Chapitre 2

—

Quelle horrible invention que la voiture ! On se croit invincibles sur nos vélos, à traverser la France à la force de nos petites jambes, à loger chez tout le monde. Mais en réalité, on est tellement fragiles, tellement vulnérables. En une seconde, l'épopée peut se terminer. Elle s'est terminée pour deux cyclistes que nous avions devant nous sur cette route landaise. Le couple était sagement sur la piste cyclable, chacun prudemment équipé d'un casque. Mais un conducteur a fait un malaise et les a fauchés avant de rencontrer un arbre un peu plus loin.

« On se croit invincibles sur nos vélos, à traverser la France à la force de nos petites jambes, à loger chez tout le monde. Mais en réalité, on est tellement fragiles, tellement vulnérables. »

Les voitures de pompiers nous doublent à pleine vitesse. Nous passons à quelques mètres des victimes, sur la piste. Il y a cette chose incontrôlable qui nous pousse à regarder. Et en même temps, la raison nous rattrape et nous conjure de détourner le regard. J'ai regardé mais je n'ai rien vu. Je repense alors aux paroles de Didier à Murol. Il nous disait : « C'est sur votre vélo que vous êtes puissantes. » Tu parles. Que dalle. Sur notre vélo, et comme partout ailleurs, on n'est rien. À dix minutes près, les cyclistes, c'étaient Michelle et moi.

On continue notre route ce matin-là, et nous nous arrêtons pour déjeuner sur la plage. Un groupe de gens s'y retrouve. On pense d'abord à un mariage, ou à l'anniversaire de la grand-mère. Mais nous comprenons finalement qu'il s'agit d'un hommage à Julie, 25 ans, décédée quelques jours plus tôt. Après l'accident, l'hommage, suite logique des choses. La funeste matinée se prolonge.

Nous reprenons la piste cyclable à travers la forêt de pins, et nous tombons sur la déforestation d'une parcelle. Une machine grosse comme un tracteur, conduite par un seul individu, déracine et coupe en morceaux un arbre de 60 mètres de haut en huit minutes. Cet arbre a mis cinquante ans à pousser et j'ai l'impression qu'il faudrait 200 hommes pour le déplacer à mains nues, des heures pour le couper sans machine.

Le soir, dans le lit que nous partageons avec Michelle, dans un état entre l'endormissement et la frénésie intellectuelle, je pense à ma condition d'être humain sur cette terre. Je me suis vue à la place des cyclistes fauchés ; je me suis vue à la place de Julie à qui on rendait hommage sur la plage.

Je visualise notre planète bleue qui flotte dans l'Univers quand je n'y serai plus et les arbres non plus. Parfois, je me dis que ceux qui craignent le changement climatique ont seulement plus peur de la mort que les autres. L'infini spatial et temporel me terrorise. Je chasse l'idée. Ou plutôt, je m'endors dessus.

Je me réveille au matin, l'angoisse infusée en moi sans en avoir réellement conscience. Mais c'est mon cœur qui littéralement me le fait savoir. Je ressens des palpitations, des pulsions cardiaques plus fortes que les autres. J'avais déjà ressenti cela auparavant, une ou deux fois. Mais ce matin, cela fait déjà plus de cinquante fois. Je m'inquiète, surtout que le vélo me fait fournir des efforts physiques réguliers. Un cardiologue que j'appelle me propose un rendez-vous aujourd'hui, à Paris. C'est l'affaire d'une journée, le temps de faire l'aller-retour. Mais c'est inconcevable pour moi. Je ne suis pas à Bordeaux, je suis à l'autre bout du monde. Je ne conçois pas d'interrompre mon cheminement par un crochet de 1000 kilomètres à 320 km/h dans un TGV.

Cette matinée brise les certitudes que j'ai pu construire les mois précédents, où chaque jour de voyage je ne voulais être nulle part ailleurs. Ces événements m'affectent d'une façon qui me déroute. Une grande angoisse, teintée d'injustice et de désespoir, est installée en moi. Je comprends que les trois mois de déracinement que j'ai passés sur le vélo ont rendu inexistants les remparts habituels du quotidien, de l'entourage, des amis. Ma sensibilité est exacerbée, et je ressens les impressions puissamment pour le meilleur comme pour le pire.

CHAPITRE 6
PAR-DELÀ LA BRUME

—

Félix Lacoin

6.

Un homme se trouve dans un incendie de forêt et comprend ainsi que le territoire communique.

Une odeur. Une odeur de brûlé assez prenante, qui pique l'attention, clairement teintée d'iode. Je me souviens, c'est ça qui m'a alerté. Je connais la finesse de mon odorat - depuis le temps - et ma curiosité de pisteur qui suit avec enthousiasme chacune des trouvailles de « l'éclaireur », comme j'ai fini par surnommer mon nez. Mais là... J'entends encore résonner en moi le *pourquoi ?* Pourquoi cette odeur, pourquoi ici ? Pourquoi cette perturbation égarée là, si loin des rivages, si loin des ocres et des bruissements ? Tentant méthodiquement de me raisonner en m'appuyant sur le rythme de mes pas, je continuais pourtant à percevoir insidieusement les variations du paysage olfactif. Mais qu'est-ce que cette odeur pouvait bien faire ici ? Qui l'avait amenée ? Et comment ?
Malgré ces questionnements, je sentais qu'il m'était doux de ne me préoccuper que de cela, de me rattacher à une perception, à un frisson organique, de m'échouer sur cette halte au beau milieu de ces jours saturés d'absurde. Vous savez, ceux qui pendent chacun misérablement au bout du précédent. Il m'était bon d'être en vie, et je posai alors un genou à terre pour renifler la terre humide, mû par un réflexe émergé droit de plusieurs siècles de passes neuronales afin de saisir cette odeur, d'en tirer un peu plus qu'une observation creuse.
- Que faites-vous ? Êtes-vous un chien, un homme ?

Je n'avais pas entendu l'homme approcher, et je sursautai légèrement. Cependant, désormais habitué à ces questions dont la fonction consistait surtout à brandir un étendard décati, celui d'une commune humanité, je ne réagis pas. L'homme errait dans les bois comme les autres - tous ceux qui n'avaient rien vu venir en somme -, apostrophant les humains, espérant peut-être rallumer quelque chose tout au bout de la nuit. Ou simplement pour tuer les minutes qui craquaient sous les motifs de ces sentiers arpentés déjà mille fois.

Pourtant, peut-être du fait de cette odeur intrigante, je m'approchai de lui. Un homme, décharné, perclus de misère, charriant ses névroses frémissantes, me faisait face. Hagards, ses yeux transpiraient la flamme éteinte, et c'est d'une voix plate qu'il m'adressa de nouveau la parole :
- Vous aussi vous la sentez ?...
- Je... Oui, il y a quelque chose d'étrange dans l'air.
- Oui. Nous le sentons tous. Tout le monde, le monde entier.

Une pause, comme s'il s'apprêtait à émettre une hypothèse, à créer l'étincelle... Puis rien, de nouveau ce masque imbécile. Je décidai de tenter ma chance malgré tout :

- Une idée de ce que ça pourrait être ?
- Tout le monde. Ça cogite. Sûr qu'il se passe quelque chose, mais pas compris quoi.

Ne sachant pas trop quoi ajouter à cet embryon de dialogue, je restai silencieux, à dévisager mon interlocuteur. L'homme posa alors sur moi un regard où l'on pouvait toucher l'incompréhension, puis il bifurqua brusquement et attaqua la pente sans autre forme de procès, d'un pas frappé de l'énergie sèche des âmes maussades. Il disparut rapidement de mon champ de vision, se fondant dans l'épaisse couche de brouillard gris qui pesait sur les gorges de la forêt. Me laissant seul à nouveau, jusqu'à la prochaine rencontre avec un de ces désemparés auxquels je ressemblais chaque jour un peu plus. Néanmoins, je décidai de le suivre, peut-être par désœuvrement, ou peut-être parce qu'une étincelle curieuse palpitait dans mes jambes assoiffées de reliefs à mordre pour s'élever au-dessus des heures.

L'ascension était longue, tout alourdie de la moiteur de l'air et de l'angoisse de ne pas voir à plus de 5 mètres. J'entendais les branches craquer, les oliviers gémir et les roches contrarier mes trajectoires, et je sentais le thym, seule présence à surnager au-delà de cette odeur intrigante. J'eus même l'occasion de rentrer brièvement dans un de ces temps de rêves éveillés qu'offrent les longues marches, et j'entends par là le versant le plus pragmatique de l'acte onirique : je me surpris à observer mes dialogues intérieurs s'enchaîner sans aucune forme de cohérence, comme un intense fourmillement de grandes esquisses et de questions aussitôt balayées, déchirées par autant de semblables. Parmi les filons émergés de cet absurde spectacle, et au beau milieu des lacets rocailleux, quelques hypothèses sur l'odeur se firent jour.

« J'entendais les branches craquer, les oliviers gémir et les roches contrarier mes trajectoires, et je sentais le thym, seule présence à surnager au-delà de cette odeur intrigante. »

La plus saillante, la plus évidente, était celle d'une nouvelle catastrophe industrielle, découlant inévitablement des précédentes et de la perte totale de contrôle des instances productives. Après l'âge d'une agriculture « biologique » comme absolution de tous les péchés, dans quelle nouvelle folie allions-nous être précipités ? La main sur la cuisse pour attendrir la raideur de la pente, je notai le silence environnant : les oiseaux migrateurs et les petits mammifères avaient presque tous péri de la première erreur, de l'ignorance crasse qui s'était répandue chaque année sous les soleils toujours plus crus. La méconnaissance de la rivière et de ses rythmes propres, de la délicatesse de ses bassins versants ainsi que l'assèchement trop rapide des sols et l'artificialisation intensive des pentes raides avaient occasionné cette brusque montée des eaux, biblique punition aux fondements pourtant bien terrestres. Derrière cette usine agroécologique ravagée par la vague, des décennies d'oubli, de pertes insidieuses de connaissances et de savoir-faire, étirées jusqu'à la rupture entre deux générations bien trop éloignées. Derrière la pollution des sols et de l'air qui s'ensuivit, des milliers de guêpiers et de faucons tombés comme les feuilles d'un automne funeste sur le sol saônien. Et par là même, l'implosion d'un écosystème fragile, d'un petit bijou impalpable que l'on pouvait autrefois ressentir dans sa chair, au détour d'une promenade dans la lumière ciselée des fins de journées estivales.

C'est en sueur que mes pensées se superposèrent doucement, pour finalement disparaître alors que j'arrivais au croisement des chemins, celui où l'on doit choisir entre la piste qui s'étire le long du versant et le sentier qui grimpe sans fioritures vers les hauteurs. Je m'assis et pris le temps d'écouter, conscient que quelque chose se jouait peut-être ici, aujourd'hui. D'un côté, l'appel du vent qui filait, brossant d'une lumière dorée l'aridité du sable et de tous les végétaux dressant leurs corps secs et fiers de part et d'autre de cette voie bâtie à l'époque où la forêt était encore un lieu de villégiature. À l'époque où la forêt était. De l'autre côté, ces pierres ostentatoires, ces marches tentatrices, la curiosité de comprendre et l'assurance de laisser une nuit dans le froid de l'hiver naissant. Puisant dans les déceptions amoncelées et gravées dans mon crâne, je choisis l'altitude.

Les genoux éraillés et la raison haletante, bouche ouverte dans cette portion quasiment verticale, je vis fleurir dans mon esprit d'autres explications plus ou moins farfelues, se mettant en valeur du mieux qu'elles pouvaient : peut-être que l'odeur résultait finalement d'une remontée des produits chimiques qui saturaient les nappes souterraines ? Peut-être était-ce une émanation rapportée par le vent du sillon rhodanien et prise dans le piège morphologique du synclinal, sublime fente façonnée de concert par les Alpes et les Pyrénées ? La compréhension de la danse des vents dominants, elle aussi, a été perdue il y a bien longtemps, et c'est toute la région qui se retrouve privée de sa logique organique, de sa matière et de son moule historique. Les établissements humains, dessinés par des logiques aveugles à la respiration, ont ainsi monstrueusement remodelé les couloirs historiques creusés par les incendies, les cours d'eau et l'érosion : de nouveaux flux à l'œuvre sous le ciel, et tout se confondait dans cette atmosphère de brume sans fin.

Soudain, un bruit de branches qui craquent sur ma droite, se dessinant assez nettement sur le fond diffus de mes pensées. Espérant apercevoir un petit animal discret sous les lames de feuilles mortes, je m'écartai du chemin, tout entier pris d'une excitation attentive, tout ouvert à ce petit miracle. Je suivis cette promesse sur plusieurs dizaines de mètres, et ce son était pluriel, je les sentais résonner. Je me revois courir comme un enfant d'autrefois, de ces courses autotéliques, jouissives, et que l'on perd tous à un moment donné de notre passage à l'âge adulte, sans bien trop savoir pourquoi. Malgré mes efforts, ces craquements s'estompèrent peu à peu et disparurent au-delà de mon paysage sensoriel bien trop limité. Puis plus rien, de nouveau la roche, le vent, les chênes secs et l'odeur.

« Le soleil horizontal de cet hiver déprimé venait révéler les strates géologiques, les rides de force des remparts de cette forêt-montagne, les valeurs immuables de ce paysage autrement délabré, saturé de tumeurs absurdes, de cultures incongrues et de routes charriant les divisions. »

Abattu par l'effort et l'absence de gratification, je m'assis par terre afin de reprendre mes forces. Naturellement, je regardai la vallée et ne pus m'empêcher d'esquisser un sourire à la vue de ce tableau : le soleil horizontal de cet hiver déprimé venait révéler les strates géologiques, les rides de force des remparts de cette forêt-montagne, les valeurs immuables de ce paysage autrement délabré, saturé de tumeurs absurdes, de cultures incongrues et de routes charriant les divisions. Depuis cette position de démiurge absolu, il était évident que rien n'avait été mis en relation, que les cultures méprisaient le sol ; quand la pente appelait une culture étagée, on la terrassait hâtivement pour y recréer une fausse platitude ; quand les ripisylves formaient autrefois de vibrantes oasis, on y posait le pied pour conquérir quelques mètres carrés ; quand les étendues alluviales offraient à la vie leur grasse substance, on l'étouffait de dalles déprimantes ornées de boîtes en métal dans lesquelles on vendait des fruits venus d'ailleurs ; quand dans les vergers abondants on pouvait faire pousser ces mêmes fruits – et bien d'autres encore –, on préférait saigner la rivière souffreteuse pour en abreuver le maïs.

Tout à ces idées sulfureuses qui s'embrasent et s'éteignent aussi vite, je repris ma route vers le chemin de crête, le fil rocheux des funambules amoureux. Durant cette ultime portion, les bruits de craquements se firent plus présents autour de moi, comme des lamentations qui se traînaient le long de mes pas, dans un coin de mon ombre. Sans pour autant que je voie un seul animal. Une étrangeté de plus, qui avait le mérite de me maintenir en tension alors que j'arrivais enfin à la chapelle Saint-Médard. Fière, comme d'habitude, et plus que jamais humble : elle ne me jugeait pas, je pouvais en être absolument certain. Rien qu'à la manière dont elle se lovait si justement dans le volume rocheux, je pouvais sentir sa patiente présence me réchauffer la poitrine. M'approchant de ce petit édicule au grand âge, j'étais heureux, béat comme un prince amoureux. J'en fis naturellement le tour, et plusieurs fois, en laissant glisser ma main sur les pierres, comme pour prolonger l'instant par cette caresse, et ainsi en renforcer la douceur sucrée.

Les jambes lourdes, je finis par poser mon dos contre le mur de la chapelle et par étendre mes jambes en direction du cœur de la forêt que je pouvais enfin voir dans son entièreté, le surplombant depuis ce point de manière quasiment ostentatoire. Le brouillard qui sévissait en bas tenait toujours le siège de la forêt, comme invariablement sécrété par le souffle issu du pli oriental du synclinal. Plissant les yeux, je tentais de saisir un mouvement, j'espérais matérialiser un être vivant qui serait alors un totem d'espoir pour les années à venir. Mais rien, aucun oiseau par-dessus l'écran de brouillard, ni circaète ni faucon.

C'est alors que je vis une petite langue de flammes, très légèrement bleutée, qui dansait en face de moi, sur l'autre versant. Très intrigué, je passai en position accroupie, mû par le désir de comprendre. Rapidement, je constatai que dansaient des dizaines de flammes semblables tout autour de la première. Les tentatives d'explication commençaient à affluer comme le sang dans mon cerveau : pyromanes désemparés, combustion spontanée de gaz échappés des sols pollués, signaux à déchiffrer… Mais un irrépressible élan me poussait à les éconduire au plus vite : quelque chose était à l'œuvre, et ces flammes expliquaient parfaitement l'odeur et les craquements entendus plus tôt…

par l'absence d'explications. Un mystère absolu: j'en restai totalement immobile, figé. Sidéré. Et devant moi, le petit être sidéré, émergeait du brouillard une discrète chorégraphie de flammèches verticales au gris bleuté d'une profonde sobriété. Aucune fumée, aucune panique, simplement de l'eau en suspension, comme un combustible fait d'une épaisse brume. Il fallait voir ces danseuses donner leur spectacle sans trame, il fallait voir cette spontanéité jaillissant doucement. Une suite d'artifices ouatés, de profondeurs éphémères ouvrant des mondes fascinants l'espace de quelques minutes avant de s'éteindre pour mieux renaître quelques mètres plus loin. J'ignorais tout des mots à prononcer, des amorces de pensées à esquisser, et j'absorbais les minutes hypnotiques qui s'étalaient devant moi: je m'enveloppais dans les nimbes de cet impossible incendie, véritable chaleur de mystère au milieu de cette époque limpide de massacres froids. Je ne sais pas combien de temps je passai à m'abreuver de ce spectacle, mais je ne m'interrompis qu'à la nuit tombée et une fois la dernière lueur définitivement éteinte, et même quelques minutes après, passées les mains crispées à espérer une renaissance.

***

Avec le recul des années, je crois commencer à saisir un peu mieux ce qui s'est passé ce jour-là: la forêt brûlait délibérément et doucement, elle brûlait d'ennui, elle brûlait dans l'indifférence de l'épais brouillard qui ne la quittait plus et dans lequel erraient des âmes comme des poissons égarés. Elle brûlait car c'était le seul moyen qu'elle avait trouvé pour signaler sa détresse, pour se faire comprendre et respecter. C'était un appel, un incendie de désespoir, et je ne l'avais alors pas compris.

Je suis un vieil homme aujourd'hui, et je sais maintenant que ce territoire est vivant, et ce n'est pas une simple métaphore. Il se manifeste lorsqu'on maltraite les fragiles interactions qui le constituent, lorsqu'on le saigne aussi brutalement que la faune sauvage. Il crie de douleur, et ces flammes étaient un déchirement, la manifestation la plus radicale du mal-être de cet organisme profondément touché. La forêt jetait simplement ses forces en dehors d'elle, espérant trouver une langue commune avec nous pour protester contre son saccage, son dépouillement et sa stérilisation. Ce jour-là, je n'ai pas compris tout cela – je n'avais d'ailleurs pas compris grand-chose –, mais j'ai ressenti dans ma chair l'importance de ces petites flammes, foudroyé que j'étais sur le flanc de cette chapelle. Je crois aujourd'hui que la profondeur des paysages possède ce pouvoir intrinsèque de déclencher le sublime, ce dépassement des proportions du quotidien qui vient sans bruit chatouiller les pans reculés de notre chambre crânienne pour s'adresser directement à notre histoire personnelle.

C'est ainsi que j'ai commencé à étudier la forêt de Saoû un peu différemment : tout d'abord à travers les livres, les archives et les témoignages, la plongée dans les vies paysannes des siècles passés et l'architecture vernaculaire qui en dit toujours beaucoup à celui qui prend le temps de retracer les logiques constructives. Puis j'ai approfondi cette intuition, celle d'avoir rencontré un territoire véritablement vivant, grâce à la visite de certains de ses semblables à travers le monde. Et croyez-moi, il en existe beaucoup, pour la plupart nonchalamment couchés sur des cartes, au mieux laissés dans l'ignorance ou – bien trop souvent – déjà mutilés par les établissements humains. Pourtant, un territoire est plutôt un être de bonne disposition, je vous l'assure : il offre, et il offre à comprendre. Il n'impose pas son rythme et se tient prêt à s'adapter, il est cet ami discret qui se tient toujours là, et dans les yeux duquel on peut enfin trouver le repos.

« La profondeur des paysages possède ce pouvoir intrinsèque de déclencher le sublime, ce dépassement des proportions du quotidien qui vient sans bruit chatouiller les pans reculés de notre chambre crânienne pour s'adresser directement à notre histoire personnelle. »

À force de marches et de carnets de réflexions, j'en suis venu, assis sur un rocher que j'affectionne particulièrement et qui m'est fidèle depuis plusieurs années, à formuler un constat qui depuis ne me quitte plus : nous oublions trop souvent une réalité bien pragmatique à propos des espaces, celle de leur immobilité. Le territoire est une grande et sage cohérence chevillée au sol, qui ne peut pas s'enfuir et que j'aime pour cela qualifier de « gaillard assoupi ». Bien sûr, une partie de la vitalité des territoires est à trouver chez des êtres pourvus de pattes, d'ailes ou de nageoires. Mais prises séparément, ces facultés ne sont pas signifiantes : le territoire dans son approche holistique, en tant que grand entremetteur des échelles et des substances, reste fondamentalement un être immobile. Et de cela découle une immense responsabilité qui pèse sur nos épaules de petits êtres grouillants, pensants et agissants : nous devons, à mon sens, nous poser dans un rapport de soin et d'écoute, exactement comme nous le faisons avec une personne âgée dépendante.

D'un point de vue éthique et philosophique, cela implique de nombreux changements de paradigmes, et c'est une perspective qui serait d'une extraordinaire stimulation si elle n'était pas si cruciale. Il faut préalablement s'assumer en tant qu'espèce agissante et transformatrice – certes hétérogène –, dont les plus nuisibles éléments doivent d'autant plus être rattrapés par les plus attentifs. Il devient également indispensable d'imaginer la manière de nourrir un écosystème en se fondant sur une connaissance patiente et durablement documentée de ses besoins physiologiques. Il devient nécessaire de s'occuper de ses besoins sociaux, car quelle sorte de soignant laisse un patient mourir de solitude, enfermé entre les quatre murs de son corps ? Pour cela, il suffit de se pencher finement sur les interactions avec les grands immobiles alentour et de maintenir en état les voies de communication entre eux : cours d'eau, continuités végétales, etc. Bon, je ne suis pas technicien, vous savez, je ne suis qu'un modeste philosophe de terrain… qui a un peu bourlingué. Enfin, je dirais qu'il est fondamental de protéger ce grand organisme : il faut comprendre que nous avons été dans un rapport d'exploitation des siècles durant, et qu'il n'est pas réaliste d'imaginer changer intégralement de logique aussitôt. Les déconstructions prennent du temps, et il m'a bien fallu toutes ces années pour le comprendre et pour interpréter le message.

Après réflexion, je pense d'ailleurs que le médium de communication lui-même n'a pas été choisi au hasard : des feux de détresse à ceux d'allégresse, les flammes touchent instantanément au plus profond de nous, et la lumière de la combustion est, je le pense sincèrement, une forme aboutie de parole directe, d'expression silencieuse. Également, l'incendie a toujours été une forme de renaissance dans les climats méditerranéens, un catalyseur de vie et un passage obligé vers le renouvellement de la flore, vers la résurrection. Mais ce jour-là, il symbolisait également le suicide, j'en suis sûr, et j'avais devant mes yeux ahuris une immolation géante. Je revois mes pupilles ouvertes comme des galaxies devant le spectacle, et aussi mon cœur serré à en éclater. Et les questions qui affluent stupidement, car là encore, comme tant d'autres fois, je n'ai rien su comprendre.

Nous n'avons rien su comprendre.

CHAPITRE 7
TAXE SUR LA VALEUR AJOUTÉE

—

Nicolas Parisi

7.

Quand le monde vivant aura disparu ou presque, la biodiversité deviendra-t-elle une valeur financière comme les autres ?

- Mais quand même, Giulia ! T'as pas le sentiment que c'est important ce qu'on fait ?
Giulia haussa les épaules, les mains crispées sur le volant, les yeux toujours fixés sur la route de campagne qui défilait. Elle s'entendait bien avec Paul. Ça faisait des années qu'ils travaillaient ensemble et c'était un agent irréprochable. Mais qu'est-ce qu'il pouvait être borné parfois !
- Écoute Paul, oui, c'est important ce qu'on fait. Mais dans le fond, on le fait pourquoi ? C'est pas que pour protéger la nature, c'est surtout pour les revenus que peuvent générer les *bioassets* !
- Comment tu peux voir ça que sous l'angle de l'argent ? L'argent c'est le moyen, le résultat concret c'est la sauvegarde de l'environnement !
Giulia se mordit la langue. Ils seraient bientôt arrivés et elle n'avait aucune envie de s'engager dans un débat stérile.
Un nouvel haussement d'épaules :
- Oui, c'est pas faux.

Le silence commença à s'installer jusqu'à ce que le GPS projette sur le pare-brise l'image flottante de leur arrivée prochaine, après un ultime virage à droite.
- On y est presque. T'as tout ce qu'il faut ?
Paul hocha la tête.
- Yes, la mallette avec les instruments de mesure est dans le coffre. Ça devrait être rapide, en général ces anciens domaines agricoles ont pas un *biocoeff* très élevé.
Giulia quitta la route principale et s'engagea sur la petite voie en terre qui menait à l'antique ferme. Autour, les champs laissés en jachère étaient recouverts d'un fouillis inextricable de ronces.
Elle soupira.
- J'espère qu'on n'aura pas à aller ramper là-dessous... Il dit quoi le dossier ?

Paul fit glisser le dossier de son écran au pare-brise. Les différents documents s'ouvrirent en une myriade d'images flottantes.
Giulia écrasa la pédale de frein.
– Paul ! Mais t'es idiot ou quoi ? Je t'ai déjà dit plein de fois: pas quand je conduis !
– Désolé ! J'avais oublié que t'étais pas équipée de pupilles connectées.
Giulia ne répondit pas. Elle soupira, remagnétisa le moteur et adoucit sa voix autant qu'elle put.
– Pars simplement du principe que je ne suis pas équipée d'implants... OK ?
Paul hocha la tête et régla rapidement l'affichage de ses dossiers sur sa fréquence oculaire privée. Les images flottantes disparurent du pare-brise et Giulia vit apparaître au loin le propriétaire de la ferme qui les attendait dans la courette tout au bout du chemin.
Elle plissa les lèvres. Si ce type ne les détestait pas déjà, maintenant il allait en plus les prendre pour des idiots d'avoir pilé comme ça, sans raison, au milieu de son petit chemin de terre.
Elle soupira puis redémarra doucement.
– Ça dit quoi du coup ?
Paul haussa les épaules.
– Rien d'extraordinaire... Anciens terrains agricoles, culture de céréales. En jachère depuis une quinzaine d'années à la suite du développement de l'agriculture hydroponique puis des lois sur la préservation des *bioassets*. L'actuel propriétaire en a hérité à la mort de ses parents. Michel Bucaret: homme, quinquagénaire, célibataire, sans emploi... Rural de base, quoi: les subventions qu'il reçoit pour l'entretien de sa biomasse ne suffisent plus à couvrir ses frais de vie et il commence à accumuler les dettes...
– À lui aussi tu vas lui dire qu'il faut pas voir ça que sous l'angle de l'argent ?
Paul lui jeta un regard mauvais. Puis il hocha la tête à regret.
– S'il avait été capable de s'occuper correctement de son *bioasset*, il en serait pas là...
Ils étaient presque arrivés. Giulia pouvait maintenant distinguer le visage de Bucaret, bras croisés sur la poitrine, qui les regardait d'un mauvais œil.
– Ah... « là ».
Paul soupira.

– Qu'est-ce que tu veux que je te dise Giulia ? Oui, il est probable qu'il ne lui reste plus grand-chose une fois ses dettes remboursées, qu'il ne trouve pas d'emploi et même finisse à la rue... Mais une fois que sa biomasse aura été rachetée par un fonds de gestion de *bioassets*, elle sera correctement protégée et pourra même prospérer. C'est un petit mal pour un sacré bien !
– Si tu le dis.

« Les subventions qu'il reçoit pour l'entretien de sa biomasse ne suffisent plus à couvrir ses frais de vie et il commence à accumuler les dettes... »

Giulia arrêta la voiture à quelques pas de Bucaret. Elle démagnétisa le moteur, ouvrit la portière et sortit.
– Monsieur Bucaret, bonjour, dit-elle en présentant par habitude un sourire engageant. Je me présente : Giulia Bonifacho, agente de l'AINB. Voici mon collègue, Paul Maldura. Nous sommes là pour expertiser la valeur de votre *bioasset*.
L'homme en vieux marcel troué, short passé de couleur et pantoufles fatiguées, décroisa ses bras et grimaça d'incompréhension.
– Heinb ?
Giulia sourit avec professionnalisme.
– L'AINB, monsieur Bucaret. L'Agence internationale de notation des *bioassets*.
– Bhé oui, c'est vous qu'allez m'acheter le terrain ! Je connais.
– Non, monsieur Bucaret. Nous sommes un organisme indépendant. Nous estimons la valeur des *bioassets* de façon à éviter les abus. Posséder nous-mêmes des *bioassets* relèverait d'un conflit d'intérêts...
– Vous allez pas m'acheter le terrain alors ? Écoutez, hier au téléphone, on m'a dit qu'on allait m'acheter le terrain ! J'en peux plus moi... Comment je suis censé faire, si j'ai pas le droit de cultiver ma terre ? Les sous qu'on me donne permettent même pas de me payer les courses !
Giulia ne répondit rien. Paul avait récupéré sa mallette. Tout en refermant le coffre et sans un mot ou regard pour Bucaret,

il lança à Giulia un « J'vais m'occuper des mesures » avant de les contourner pour rejoindre les champs. Bucaret le regarda faire avec des sourcils renfrognés. Il ne dit rien, mais Giulia ne put s'empêcher d'avoir envie de gifler Paul.
Elle soupira puis se reprit.
- Monsieur Bucaret, nous sommes là pour déterminer combien vous allez pouvoir toucher grâce à la vente de votre biomasse, justement. Vous voulez peut-être que nous nous installions quelque part ? J'aurais quelques questions à vous poser.
Bucaret se gratta le début de barbe qui lui mangeait les joues, puis haussa les épaules. Ses traits se détendirent.
- Oui, venez. J'vais nous faire le café.
Giulia hocha la tête et le suivit. L'entrée donnait sur un salon qui, bien que vieillot, était étonnement propre et bien rangé. Bucaret avait filé dans la cuisine.
- Installez-vous à table. Faites comme chez vous, j'en ai pour deux minutes !

Giulia grimaça en entendant le cliquetis distinctif d'une gazinière mais ne dit rien. Elle recula une des deux chaises, s'assit et sortit sa tablette. La gazinière lui ferait perdre quelques points de valeur, mais ce n'était rien de dramatique. Et puis, chaque chose en son temps, se dit-elle en allumant l'appareil. Elle ouvrit le formulaire et plissa les lèvres. Elle aimait bien vérifier que tout était correctement configuré avant de commencer. Ses doigts faisaient défiler les champs à remplir tandis que ses yeux sautaient d'une case à l'autre.
Tout semblait en ordre et Paul avait même déjà commencé à *uploader* certains résultats d'analyse. Les niveaux de pH du sol étaient apparemment normaux et on ne retrouvait aucune trace de pesticides.
C'était encourageant.

Bucaret revint finalement avec deux tasses dans une main, une vieille cafetière italienne dans l'autre et un chiffon sur l'épaule. Giulia écarquilla les yeux en voyant l'antiquité.
- J'vous ai pas demandé au fait, vous prenez du sucre ?
Giulia sourit et fit non de la tête.
- Ah ben ça tombe bien parce que j'en ai pas !

Il posa les tasses, servit les cafés « Vous me dites stop, hein », plaça son chiffon sur la table et la cafetière encore chaude dessus. En saisissant sa tasse, il sourit à Giulia et mima le geste de trinquer, avant de boire une gorgée. Giulia ne put retenir un sourire en l'entendant soupirer un « Ah » satisfait.
– Je sais que c'est un peu vieillot, hein, de faire le café comme ça... Hé, cette cafetière, elle est plus vieille que moi ! C'est dire... Mais je sais pas, j'aime bien. Ça me rappelle mon enfance, vous savez. Et pas que l'enfance d'ailleurs ! Y a pas si longtemps aussi, c'était chouette vous savez, quand avec les copains de la coopérative on se retrouvait pour prendre le café... Ils sont plus là maintenant. Tout le monde a vendu et...

Bucaret ne finit pas sa phrase. Une ombre passa devant son regard. Un silence inconfortable commença à s'installer.
Giulia prit sa tasse à deux mains.
– Je vois ce que vous voulez dire, monsieur Bucaret. Ma grand-mère n'a jamais voulu se séparer de sa vieille moka...
Un éclat attrapa le regard de Bucaret, l'éloignant de ses vieux souvenirs.
– Oui ! Vous voyez ce que je veux dire alors ! Ah, ça fait plaisir ! Non mais parce que maintenant c'est que le nouveau, le nouveau, le nouveau tout le temps ! Mais moi, je...
Giulia s'éclaircit bruyamment la gorge.
– Monsieur Bucaret, je suis désolée, mais ce questionnaire est plutôt long et il vaudrait mieux ne pas trop retarder le moment de s'y mettre...
Bucaret plissa les lèvres.
– Oui... Vous avez raison. Désolé, c'est juste qu'il y a plus beaucoup de monde dans le coin... Tous les champs autour, c'est plus que des grosses machines qui s'en occupent et c'est pas souvent que...
Giulia lui sourit.
– En tout cas, je vous remercie pour le café... Rien que l'odeur, ça me renvoie directement chez ma grand-mère !
L'éclat rattrapa le regard de Bucaret et il sourit en retour.
– Pas vrai ? C'est ça qu'est bien avec les vieux trucs, c'est... Ah pardon, je recommence. Allez, j'arrête ! Qu'est-ce que vous en dites, on s'y met ?
Giulia opina du chef.

– Bien, mais avant de commencer, je dois vous préciser certaines choses. Déjà, je vous rappelle que l'AINB est un organisme indépendant de toute entité, qu'elle soit publique (donc un État) ou privée (donc banques auprès desquelles vous avez pu hypothéquer votre *bioasset* ou même un fonds d'investissement qui pourraient être intéressé par l'acquisition de votre bien). Nous travaillons uniquement dans l'intérêt de la nature, aussi nous attendons de votre part une totale transparence car, en cas de litige, une contre-expertise pourrait être engagée par l'acquéreur.
Giulia fit une pause, le temps d'estimer si les yeux plissés de Bucaret signifiaient qu'il avait bien compris.
– Nous ne sommes ni dans le camp des banques ni dans le vôtre. Mais si vous nous mentez, vous risquez de tout perdre, monsieur Bucaret...

Ses yeux se rouvrirent et il hocha la tête.
– Très bien. Je dois ensuite vous prévenir que toutes les déclarations que vous ferez compteront dans le calcul du *biocoeff* de votre *bioasset*, lequel, couplé à la quantité de biomasse que vous possédez, déterminera la valeur totale de votre bien. Aussi, si vous avez le moindre doute sur quoi que ce soit, je vous encourage à me poser autant de questions que nécessaire pour que tout soit le plus clair possible, d'accord ?
Bucaret fronça ses gros sourcils et, après un temps de réflexion, hocha la tête.
– Très bien, première question : avez-vous utilisé des pesticides au cours de ces...
– Attendez, attendez, en fait non. Désolé, c'est quoi un « biokof » ? Je suis désolé... Mais, du coup, vu que vous m'avez dit que je devais... et donc...
Giulia sourit avec professionnalisme.
– Pas de problème, monsieur Bucaret, vous faites bien. Le « biocoeff » ou « coefficient de biodiversité » est un marqueur qui, comme son nom l'indique, permet de mesurer le niveau de diversité des espèces vivantes qui composent une biomasse. Plus une biomasse a un coefficient de biodiversité élevé, plus elle a de la valeur.
– Oh... Donc, par exemple, ça va pas être que le nombre de, mettons, de grives qu'il y a sur mon terrain, qui va déterminer sa

valeur, mais si j'ai en plus des faisans, ou des buses ? Non, parce que j'ai vu une buse l'autre jour venir se poser sur ma clôture ! Ça doit bien valoir des points ça, non ?
– Alors oui, mais pas que. La quantité de biomasse compte aussi dans le calcul de la valeur de votre *bioasset*. Le nombre d'espèces différentes, c'est le *biocoeff* seulement...
– Non parce que des oiseaux, y en a plein dans le coin ! J'en vois plein tous les jours ! Et des différents en plus !
– Oui, oui, mais chaque chose en son temps, d'accord ? Nous y reviendrons plus tard, aux oiseaux...
– D'ailleurs Poupoune elle peut passer des heures à les regarder, comme ça, avec ses petites pattes et ses moustaches qui...
Giulia écarquilla les yeux sur le sale pressentiment qui lui montait aux tripes.
– « Poupoune » ?
– Bah oui, pardon, je vous ai pas dit: Poupoune, ma chatte. Oh, elle est pas là à cette heure-ci, sinon je vous l'aurais présentée...
Le sang avait reflué du visage de Giulia et ce pauvre... qui avait poussé l'innocence jusqu'à la niaiserie, continuait de lui parler de sa chatte.
– Je sais pas trop où elle est, elle doit être en train de faire un tour. Elle aime bien se balader, vous savez. Elle est un peu comme moi. Ah, mais c'est vraiment une bonne compagnie, le soir surtout. Elle vient toujours là, comme ça, sur mes...
– Vous avez un chat ?
Bucaret arrêta de câliner la chatte imaginaire qu'il avait sur les genoux, fusillé sur place par le regard abasourdi de Giulia.
– Eh bé, oui... C'est Poupoune...
Giulia ne répondit rien. Elle avait joint ses mains et appuyait son front dessus. Bucaret ne pouvait voir les yeux complètement révulsés qu'elle plantait fixement dans la table, mais ça ne l'empêchait pas de blêmir.
– C'est pas grave, hein ? C'est juste un chat... Qu'est-ce qui se passe ? C'est pas grave, hein ?

Giulia s'était levée, mutique. Bucaret la regardait avec de grands yeux humides, désespérant d'être rassuré, comme un enfant qui venait de faire une bêtise terrible dont, même s'il en ignorait la nature, n'en mesurait que trop bien la gravité à l'horreur qui

écrasait les traits de sa mère. Et Giulia ne voulait surtout pas se retrouver avec ce rôle-là. Elle était venue pour effectuer son travail, et rien de plus. Le système jouait contre ce pauvre gars, et ce n'était pas sa faute, à elle. C'était sa responsabilité, à lui. Son boulot, à elle, était de rester impartiale. S'il était pas capable de s'aider lui-même, c'était pas son boulot, à elle, de s'en occuper...
– J'ai fait une bêtise, c'est ça ?
Ses lèvres tremblaient. Giulia détourna les yeux. Elle ne devait pas...
– Vous allez pas faire de mal à Poupoune quand même ?

« Le système jouait contre ce pauvre gars, et ce n'était pas sa faute, à elle. C'était sa responsabilité, à lui. »

Giulia lâcha un soupir qui claqua comme un feulement et Bucaret sursauta. Elle enfonça un regard brûlant de glace au cœur du sien.
– Vous vous taisez et vous allez m'écouter très attentivement maintenant. Vous n'avez aucune idée de ce que vous avez fait... Si Paul découvre que... Il ne faut surtout pas que mon collègue découvre que vous avez un chat, vous m'avez compris ? Je dois pouvoir aller l'occuper pendant que vous allez récupérer... Poupoune. Vous avez une idée d'où elle peut être ?
Bucaret, sidéré, ne parvint qu'à cligner des yeux. Giulia frappa ses deux mains à plat sur la table.
– Votre chatte ! Vous savez où elle peut être ?
– Ou... Oui ! Enfin... peut-être ! Je ne sais pas... Peut-être !
Giulia se massa les paupières. Derrière ses yeux fermés, elle se vit sortir, aller voir Paul... Avant ça, elle devrait prier pour qu'il ne soit pas déjà du côté où se trouvait Poupoune... Non, si c'était de ce côté-là qu'était Poupoune, elle traînerait Paul ici sous prétexte que... La gazinière ! Il faudrait faire des relevés. Voilà, dans tous les cas, elle ferait comme ça. Pendant ce temps, Bucaret aurait le temps d'aller chercher Poupoune. Paul ne supportait tellement pas les ruraux qu'il ferait exprès de ne pas regarder Bucaret, ce qui laisserait à ce dernier juste ce qu'il fallait de marge de manœuvre pour...

Elle rouvrit les yeux.
- OK, on va faire ça. Monsieur Bucaret, je vais sortir pour aller distraire mon collègue. Pendant ce temps, vous aller attraper un sac, un vieux manteau, n'importe quoi du moment que vous pouvez cacher votre chat dedans. Il va aussi falloir trouver de quoi bâillonner l'animal. Si jamais on l'entend miauler...
- Je vais pas bâillonner Poupoune !
L'exaspération tailla un mauvais sourire en travers du visage de Giulia.
- Monsieur Bucaret, si vous ne faites pas exactement ce que je vous dis, non seulement vous allez perdre votre chat, mais vous allez aussi perdre votre droit de propriété... Vous comprenez ce que je vous dis ? Votre *bioasset* sera saisi par le gouvernement ! Posséder un chat, ne serait-ce que si vous êtes à proximité d'un *bioasset*, c'est un délit ! Si jamais Paul découvre que vous avez un chat, vous...

Giulia sentit un grand froid lui pénétrer les os. Sur la table, la tablette s'était mise à vibrer. La photo de Paul s'affichait au-dessus des icônes « décrocher » et « ignorer l'appel ». Giulia et Bucaret échangèrent un regard. Les vibrations grattaient frénétiquement le bois.
Sous leurs yeux effarés, le doigt de Giulia vint appuyer sur l'icône « décrocher ».

Le visage de Paul, partagé entre hilarité et dégoût, apparut au milieu des friches. Il agrippait Poupoune par le collet.
- Giulia ! Tu devineras jamais sur quoi je suis tombé ! Ce con a un chat ! UN CHAT !

Un silence, Paul continuait sa rengaine.
- C'est pire qu'être irresponsable à ce niveau-là... Je pensais pas que c'était possible d'être aussi con !
Tandis qu'elle regardait le visage de Bucaret se décomposer, Giulia parvint à prononcer quelques mots.
- Il peut t'entendre... J'ai pas d'implants...

CHAPITRE 8
LE DIT DU ZWIN

—

Clémence Prévost

8.

Une voix accompagne un visiteur dans la découverte d'un paysage et lui livre un récit sensoriel des éléments naturels parcourus.

– Pourquoi tu t'arrêtes ?

Je ne suis plus très sûre de la direction. Le chemin quitte les derniers bâtiments avant de se poursuivre entre les polders. Fais quelques pas et sens, sous tes pieds, le chemin pierreux qui commence, bien moins lisse que le bitume que l'on a quitté. Des voix s'estompent et des verres s'entrechoquent, provenant d'un café non loin.
Devant nous, le chemin s'enfuit tout droit dans la plaine, sous le soleil de midi, qui brûle tes épaules, comme les miennes. Je prends ta main. Marchons côte à côte.
Concentre-toi sur ton pas, les cailloux, les racines qui cisaillent le chemin.
Je vais te guider.

Cette poussière piquante dans tes narines, c'est la moissonneuse-batteuse, qui soulève un nuage de poussière jaune dans le champ d'à côté. La pierre blanche du chemin t'éblouit. Que tu portes ton visage vers la terre ou vers le ciel, tu clignes des yeux, rougis, cherches le repos de l'ombre. Mais ici, tout est grillé par le soleil, la terre se craquelle et les rares arbres sont secs. Nous avançons lentement sur ce vitrail de champs cerclés de clôtures et de haies, mosaïque de verts gorgés d'eau ou épuisés de soleil, parfois traversée d'une drève de peupliers, droits et fiers. Le regard s'aimante loin à l'horizon, simplement interrompu par un clocher piquant le ciel de son aiguillon noir. Tu t'ennuies de la monotonie de la marche et souffres de la chaleur. Je m'exalte de l'humilité de ce paysage que nous traversons et des efforts dont pourtant il témoigne, pour dompter cette terre autrefois mouillée, la reprendre aux eaux invasives, la rendre riche et fertile. Tu ne veux rien savoir ; mais bientôt tu humes une fraîcheur nouvelle que la brise porte jusqu'à toi. Tu lui offres ton front perlé de sueur et enfin une ombre apaisante nous enveloppe. L'air se fait plus humide et s'emplit d'un chuchotement léger. Nous avons rejoint le canal bordé de peupliers et le soleil scintille dans leur feuillage frémissant. Leurs troncs alignés nous protègent, pour quelques pas encore, de la plaine brûlante de juillet.

« Nous avançons sur la digue, filant droit dans la mer bruissante et dorée des herbes hautes qui frôlent nos épaules, le ciel chatouillé par la pointe ciselée des épis pour seul horizon. »

Attends, nous quittons ce chemin pour prendre un sentier qui monte sur la digue. Nous ne passerons pas à deux de front sur la sente. Je marche devant pour écarter les ronces ; garde une main sur mon épaule. Lève bien haut tes pieds. Arrivés en haut, nous retrouvons le vent chaud qui souffle en permanence. Nous avançons sur la digue, filant droit dans la mer bruissante et dorée des herbes hautes qui frôlent nos épaules, le ciel chatouillé par la pointe ciselée des épis pour seul horizon. Tout est ligne dans ce paysage.

Ligne tendue du chemin qui fuit, stries enchevêtrées des hautes herbes, frontière invisible entre le jaune sec du seigle et le bleu délavé du ciel troublé de chaleur. L'air crépite du crissement des sauterelles, mêlé à celui de nos pas sur la terre caillouteuse et au bruissement des herbes. Tu tends l'oreille, aux aguets. Le grand vent susurre entre les épis, nous apportant des embruns salés. On approche.

– Là ! Qu'est-ce que c'est ?
Ta main se crispe sur mon épaule et ton souffle frémit sur ma nuque. Sur notre droite s'envole une nuée blanche et soyeuse. Immobile, tu écoutes les battements d'ailes s'éloigner. Le canal que nous suivions réapparaît maintenant, maigre filet d'eau entre

les herbes pliées. Notre horizon se dégage. Tu respires plus tranquillement. L'odeur de foin et de terre sèche s'éparpille. Dans les fourrés, des traces qui redescendent de l'autre côté de la digue trahissent de précédents passages. Je me hisse sur la pointe des pieds pour entrevoir ce qui nous attend en bas : la plaine du Zwin. Derrière le voile jaune des épis, je ne distingue qu'à peine les bleus de l'estran, les verts multiples des plantes, et les doux gris du sable. Nous sommes enfin sortis de cette savane étroite et brûlante. Tu sens le vent libre et salé qui tourbillonne, l'espace qui s'ouvre devant nous. Tu trépignes. J'essaie de te dire les couleurs, les lumières, les lignes, les horizons qui s'entrecroisent et se confondent. Les bleus nacrés de l'eau sonnent clair, rafraîchissent comme une pluie légère. Il y a des verts capiteux, chargés de l'odeur entêtante des sous-bois, des verts fruités, des verts amers, des verts qui grattent, des verts lustrés comme de la porcelaine, de doux verts mousseux où il ferait bon s'allonger.

Dans le lointain, nous distinguons cette partie des schorres où la végétation basse et buissonnante s'est adaptée aux invasions régulières de l'eau salée. Des tapis de salicorne dressée et charnue s'agrippent au sable qui poursuit insidieusement sa course vers l'intérieur des terres. Ils rosissent par endroits, réchauffant ce paysage rugueux et frais comme une huître. L'obione, petite plante en dragées gonflées et poilues, lutte contre le sel grâce à ses écailles et la plaine brille du miroitement des cristaux. Entre les taches aigres-douces de la lavande de mer, oscillent sur deux pattes les silhouettes noires, grises ou blanches des échassiers. La plaine velue est trouée d'eau saline, inondée de la clarté du ciel. Notre chemin laisse les schorres hauts et se dirige vers le Groenplein, les dunes où les sables bruns et dorés se mélangent et dessinent d'énigmatiques courbes comme celles au creux de ta main. Nos pas dans les dunes se font plus incertains. Ta main a quitté mon épaule, tu avances, solitaire, remontant le vent salé, cap au nord vers la mer dont on n'entend ici qu'un murmure. Tu voudrais marcher pieds nus. Mais sous les hautes herbes rêches couchées par le vent se cachent ces petits buissons épineux qui surprennent la plante des pieds.

La dune se dresse devant nous et le grondement de la mer nous appelle, insistant. Nous grimpons. Les saccades de nos respirations se mêlent à celle, profonde et lointaine, de la mer. La chaleur du sable emplit nos narines et nous réchauffe le visage, déjà balayé d'iode. Tu arrives en haut avant moi et disparais dans le bleu du ciel nu, dévalant la pente de l'autre côté. Debout, tes pieds enfouis dans le sable pur, quel infini vois-tu derrière tes yeux de nuit ? Que saisis-tu de cette longue grève sans obstacle, où les sons s'envolent au loin, où le vent disperse les odeurs ? Te plonges-tu avec délice dans cette ivresse sans repère ? Si je me tais, où es-tu ? Plus rien ne te contient, ne retient ton pas ni ne le guide, plus rien ne te limite, et le sable reçoit ta chute en douceur. Ses grains filent entre tes doigts et plus loin, baigné d'eau, il s'enfuit sous tes pieds et t'engloutit jusqu'aux mollets. Tu marches, au hasard mais prudemment, suivant les vagues qui meurent sur tes chevilles. Tes cheveux agités par le vent frôlent sans arrêt ton visage. Tu ris et cherches mon rire en écho. J'ai longé l'eau jusqu'à la digue plus à l'ouest où une étrange silhouette m'attirait.
Je t'appelle.

« Plus rien ne te contient, ne retient ton pas ni ne le guide, plus rien ne te limite, et le sable reçoit ta chute en douceur. »

Sur la digue, un corps de bronze, les bras en croix sur son torse, les jambes fléchies serrées l'une contre l'autre, s'incline face à la mer. Ce corps est grêlé de cavités, comme une roche érodée qu'habitent déjà coquillages, algues et lichens. Tu as senti à la fois la chaleur âpre dégagée par le métal, et le goût râpeux et salé des mousses qui ont commencé son invasion. Tu caresses ce dos courbé, cette nuque suppliante. Tu prends dans tes mains cette lourde tête qui embarque tout le corps dans sa chute. Cette échine implorante est-elle le souvenir du paysan et de sa lutte acharnée contre cette terre d'eau dont il a fallu s'attirer les faveurs ? Est-elle celle du pêcheur, face à la mer, son vivier et son tombeau ? Est-elle plutôt profonde révérence, celle du marin qui salue sa conquête ? Souffrance, crainte ou humilité ? Tous prient, et la mer et le ciel, de les garder de leurs déchaînements. Avec cette statue, pourtant simplement baptisée *Le Plongeur*, nous contemplons la mer, étale, calme, mais toute puissante. Avec elle nous interrogeons l'horizon non sans méfiance, sûrs d'une seule chose, que la mer, elle, nous survivra. Tu fais glisser tes mains dans les creux, sur les bosses. Je ne peux m'empêcher de voir devant moi un corps meurtri, blessé, prostré devant la cruelle impossibilité de gagner l'autre rive. Toi, tu continues d'explorer la géographie de cette étrange statue. Tu te blottis sous elle, tentes de grimper dessus, t'y adosses, le visage adressé à lumière. Dans les creux, le métal est humide des dernières marées hautes. Les coquilles de moules coupent le bout des doigts, leurs aspérités calcaires te font frissonner. Les mains en cône contre ton oreille, enveloppant l'un des creux, tu écoutes, la nuque alerte. Tu serres fort tes paupières et presses plus fort encore ton oreille contre le métal.

– Qu'entends-tu ?

Je me tais, longuement.

CHAPITRE 9
SUBMERGÉS

—

Isabelle Schwengler

9.

Une jeune femme se rend à un sommet de la Terre et se trouve dans l'ascenseur avec un personnage étrange. Les portes se ferment, et l'eau monte dans l'habitacle… mais jusqu'où ?

Sa mère ne lui pardonnerait jamais de ne pas être là pour Noël… Mais à cette époque de l'année, les vols étaient hors de prix.

– Non mais tu te rends compte à quel point c'est symbolique ?

Clément, son collègue de bureau, avait manifestement remarqué que l'attention de la jeune femme vagabondait. Sourcils froncés, il attendait qu'elle réagisse à son récit soporifique. Dix bonnes minutes qu'il lui racontait son rêve ; elle n'en pouvait plus ! Quand les gens comprendront-ils que leurs rêves n'intéressent personne ? Olivia avait espéré se détendre quelques minutes avant sa réunion et il s'était empressé de lui emboîter le pas vers la machine à café. Elle lui plaisait, c'était sûr ! Malheureusement pour tous les deux, l'attirance était à sens unique, et elle commençait à se lasser de l'empressement du jeune homme. Réprimant un bâillement, elle se paya un second café. Sa pendaison de crémaillère s'était terminée tard la veille et elle avait beaucoup trop bu ; il lui semblait que son haleine était encore chargée d'alcool. Ses comparses stagiaires lui avaient offert une bouteille de tequila, elle n'avait pu se dérober à quelques shots au petit matin.

La porte de l'ascenseur s'ouvrit soudain. Olivia sauta sur l'occasion, avala la fin de son insipide café et fonça à l'intérieur en s'excusant pour le départ précipité. Son porte-cartes flambant neuf et rempli à bloc dans la poche, elle profita de ce moment de solitude pour jeter un coup d'œil à son reflet dans le miroir. Son nouveau tailleur lui donnait vraiment l'air pro ! Le parfum que sa petite sœur lui avait offert avant son départ embaumait l'ascenseur. À 25 ans, elle se trouvait au cœur de l'action. Et puis la vie à Manhattan, quel pied ! Sa petite piaule n'était pas ce qu'il y avait de plus confortable et elle entendait tout ce qu'il se passait dans la salle de bain, mais le loyer n'était pas cher – ce qui avait été un critère déterminant étant donné son salaire inexistant. Et puis ses deux colocs étaient super mignonnes et aimaient faire la fête. Satisfaite de son reflet, la jeune femme décida de relire quelques fiches. Elle avait préparé une dizaine de phrases bien construites, histoire de ne pas bredouiller si on lui donnait la parole. Ses responsabilités se cantonnaient généralement à s'asseoir dans un petit coin, prendre des notes et faire des rapports ; il était interdit aux stagiaires d'intervenir pendant les réunions. Mais son nouveau chef semblait disposé à lui laisser sa chance ; il fallait qu'elle soit prête. Elle engloutit deux chewing-gums à la menthe afin de couvrir les relents de la veille. Même si elle s'estompait petit à petit, sa gueule de bois l'incommodait.

L'ascenseur s'arrêta au dixième étage. Sa destination ne se trouvait qu'au quinzième. Résignée à partager cet espace réduit avec un éminent conseiller politique, elle introduisit rapidement ses feuillets dans sa poche, joignit les mains sur ses cuisses et se racla discrètement la gorge. C'était le moment d'étoffer son réseau ! La porte s'ouvrit. Elle attendit, regarda autour d'elle. Personne. Alors que la porte se refermait déjà, un pied nu se glissa dans l'interstice. Quelle ne fut pas sa surprise de voir entrer un homme portant pour seul vêtement un pagne qui lui sembla constitué de feuilles de bananier séchées. Sa peau était noire, ses cheveux et sa barbe blancs, et son visage était peint de motifs géométriques rouges. Une couronne végétale cerclait sa tête et il portait un collier formé de longues dents courbées. Interloquée, Olivia ne sut comment réagir. L'homme la salua d'un signe de tête. Elle se serra dans un coin de l'ascenseur, histoire de laisser à son costume la place nécessaire. La porte se referma. Ils se rendaient visiblement au même étage. Comment aborder ce personnage ? Ses cartes de visite lui parurent inutiles. Elle tenta un sourire ; il le lui rendit.

Rassurée, Olivia se lança :
– On se rend à la même réunion, je crois.
– Il semblerait, répondit-il en la dévisageant.
Il avait répondu en français, elle ne s'y attendait pas.

– D'où venez-vous ?
– De l'île de Tuvalu. Je suis chef de village.

Ceci expliquait le costume.
– Vous vous rendez comme moi à la réunion sur les pays du Pacifique, j'imagine ?
– Évidemment !

Il lui sourit de nouveau. La jeune femme fut subitement frappée de voir que le sol de l'ascenseur était trempé. Ainsi que ses nouveaux escarpins. L'ascenseur s'arrêta une nouvelle fois, mais la porte ne s'ouvrit pas. Imperturbable, son nouveau compagnon regardait droit devant lui. Elle pressa sur le 15. Rien ne se passa. L'ascenseur était-il bloqué ? Elle jeta un œil sur le chef: il l'observait sans broncher. La panique s'empara d'elle.
– Je crois que l'ascenseur est bloqué !

« La jeune femme fut subitement frappée de voir que le sol de l'ascenseur était trempé. »

Il continuait de sourire. Elle le relança:
– Qu'est-ce qu'on fait ? La réunion commence dans cinq minutes ! C'est important que j'y sois !
– Pourquoi est-elle importante ?
– Heu… il y aura des intervenants de haut niveau. Mais vous le savez bien, non ?
– Ce qui m'intéresse moi, c'est de parler du climat. Et des conséquences de son dérèglement sur mon île.
Ses pieds étaient mouillés. Elle baissa les yeux: il y avait 5 centimètres d'eau par terre ! Elle se décida à presser le bouton d'alarme, ce qui déclencha une sirène et alluma une lumière rouge.
– Mais que se passe-t-il ?
Elle avait crié. Lui restait impassible.
– Regardez ! Il y a de l'eau dans cet ascenseur, comment est-ce possible ?!

– Oui, l'eau monte, se contenta-t-il de répondre, gravement. Il la fixait.
– Ça ne vous fait rien ? Complètement dépassée, elle ne parvenait pas à baisser le ton de sa voix.
– Si, c'est catastrophique, c'est pour ça que je suis ici, lui répondit-il. Je suis venu rappeler que le niveau des océans monte et que mon île sera bientôt engloutie, ainsi que mon village et ses habitants. Comment t'appelles-tu ?
– Olivia. Olivia Lemay.

« L'eau leur arrivait à présent aux chevilles. »

Dans un effort pour rester polie, elle lui tendit la main ; il la regarda quelques secondes avant de replonger ses yeux dans les siens, sans la serrer. Sa voix était douce et calme. L'eau leur arrivait à présent aux chevilles.
– Notre population est rurale, elle vit de la culture de la vanille et de la noix de coco. Nous sommes déjà en train de disparaître : notre économie coutumière est menacée, de même que nos structures sociales traditionnelles. Le tourisme de masse nous dévore petit à petit et d'ici 2050, nous n'existerons sûrement plus du tout.
L'eau continuait de monter. Elle était tiède, ses pieds étaient lourds. Olivia avait du mal à rester concentrée sur ce que cet homme lui racontait. Celui-ci semblait à la fois déterminé et serein, alors qu'elle avait envie d'exploser. Qu'importe son île et ses coutumes ! Son seul souci était de sortir de cet ascenseur infernal.

– Parlons de cela une fois sortis d'ici, vous voulez bien ?
Le ton agressif de sa réponse fit hausser les sourcils de son compagnon.
– Nous serons engloutis à cause du réchauffement climatique, poursuivit-il comme s'il ne l'avait pas entendue. Lorsque la marée monte, nous avons les pieds dans l'eau ; chaque année un peu plus.
– Et l'eau qui monte dans cet ascenseur, ça ne vous fait rien ?!
– C'est la même chose.
– Nous allons mourir noyés !

- Oui. La seule solution est de quitter cet endroit.
- Comment ? L'alarme sonne et personne ne vient.
Personne ne remarquait son absence, elle n'en revenait pas. L'eau leur arrivait à présent à mi-cuisses.

- Ils ont mieux à faire ailleurs. Chacun a ses occupations.
- Mais c'est de la non-assistance à personne en danger.
- Si personne ne s'en rend compte, personne n'est coupable, affirma le petit homme. En réalité, le monde entier est responsable, mais cela revient au même. Une fois que nous aurons été engloutis, ils se mobiliseront sûrement pour que cela ne se reproduise pas. Nous servirons en quelque sorte d'exemple. Il suffira ensuite de blâmer un instant plutôt que des individus. L'histoire du monde est constellée de moments cruels, d'âges sombres. Cela en fera un de plus !

« Olivia suffoquait. Elle était en train de se noyer. Il souriait toujours. »

Son sourire ne disparaissait pas. L'angoisse d'Olivia était telle qu'elle craignait de faire sur elle. L'eau leur arrivant désormais à la taille, cela ne se verrait pas. Mais qu'importe de toute façon, puisqu'elle allait mourir dans quelques minutes. Dans sa hâte de semer Clément, elle avait oublié son téléphone sur son bureau. Elle n'avait aucun autre moyen d'appeler à l'aide. Elle pensa à sa famille, à sa petite sœur et se mit à pleurer. Son acolyte déclara fermement :
- Nos territoires vont être submergés par les eaux, nous serons contraints à l'exil. C'est une prévision scientifique bien réelle et personne ne s'en inquiète. Nous allons devenir ce que l'on appelle des réfugiés climatiques. Et nous ne sommes pas les seuls ; des millions de personnes sont menacées par cette catastrophe.
L'eau leur arrivait au menton. Elle tenta d'ouvrir la bouche pour crier et en avala. Il poursuivit son monologue :
- Où serons-nous accueillis ? Deviendrons-nous apatrides ? Qu'arrivera-t-il à ces États disparus ? Personne ne se soucie de répondre à ces questions. Comme de notre situation actuelle, on dirait.

Olivia suffoquait. Elle était en train de se noyer. Il souriait toujours. Elle battait des jambes pour maintenir sa tête hors de l'eau. Il ne restait que quelques centimètres avant de toucher le plafond. Se laissant submerger, il la fixait en commentant :
– On dirait qu'ils sont tous à cette importante réunion.
L'eau montait toujours. La jeune femme penchait à présent sa tête en arrière pour maintenir ses narines à la surface.
– J'ai compris ! hurla-t-elle, arrêtez ça maintenant !
Ce furent ses dernières paroles. La cabine de l'ascenseur était entièrement pleine. Elle était sous l'eau. Les yeux écarquillés, elle tentait de l'apercevoir. Il avait disparu. Elle essaya de crier et suffoqua. La lumière rouge avait laissé place à l'obscurité. Pour ne pas gaspiller d'oxygène, elle cessa de s'agiter. Peut-être viendra-t-on tout de même la sauver ? Rester calme, c'était tout ce qu'elle pouvait faire désormais. Impossible ! Elle manquait d'air, la terreur l'avait envahie. Dans un effort désespéré, elle tenta d'arracher le boîtier de l'ascenseur ; griffa la paroi. Puis ses membres s'engourdirent ; ses forces la lâchèrent. 25 ans et c'était déjà fini. Elle se sentit partir ; son corps coula au fond de la cabine.

Dans un hoquet tonitruant, Olivia sursauta, se redressa et inspira une grande bouffée d'air. L'assemblée se tourna vers elle ; son voisin semblait embarrassé. Ses yeux mirent quelques secondes pour faire la mise au point. Sur un grand écran, elle parvint à lire : « Pays du Pacifique : les enjeux d'aujourd'hui et de demain. » Elle s'était endormie. Son cœur battait toujours la chamade et elle était littéralement trempée de sueur. Alors que son regard balayait la salle pour tenter de reprendre ses esprits, elle l'aperçut. En costume-cravate, il se fondait dans la masse ; mais c'était bien lui, elle en était sûre. Il l'observait avec attention.
– Madame Lemay, vous souhaitez intervenir ? Nous vous écoutons.
La boule au ventre, la jeune femme se leva. Elle avait 25 ans, et le monde la regardait.

[PARTENAIRES]

L'Ordre des architectes d'Île-de-France

—

Fabien Gantois, président

Serions-nous brouillés avec la Terre ?

—

À chaque jour son lot d'alertes toujours plus inquiétantes. La maison que nous pensions assise pour l'éternité nous apparaît désormais très fragilisée. Le sol se dérobe sous les fondations, la cave prend l'eau, les murs se lézardent, les poutres fléchissent, les assemblages les plus savants rompent, les tuiles s'envolent. Nul doute, l'édifice que nous avons construit est en péril. Mais ici, point de sortie de secours, point d'évacuation. La Terre est notre seule maison.

Y penser notre place est désormais une des plus belles tâches qui soit. C'est convenir que notre avenir est irrémédiablement lié à la santé de notre environnement. C'est admettre qu'il n'y a pas de frontière entre nature et culture. C'est reconnaître que le monde que nous avons à imaginer et à construire n'est pas celui des « livres dont nous sommes toujours les héros », mais un monde dans lequel nous avons peut-être seulement un *droit de séjour*.

« Qui sauve la terre ne s'en rend pas maître, il ne fait pas d'elle sa sujette », prononçait Martin Heidegger en 1951 devant une assemblée composée notamment d'architectes. Ne pas s'en rendre maître suppose la transformation radicale de nos modes de vie qui altèrent le monde : aménagement effréné des territoires, extraction débridée des ressources, mépris du vivant. Au contraire, les temps qui s'ouvrent seront ceux de la considération et du soin : considération des organismes vivants, considération des sols, considération des mers, *in fine* considération de la Terre, ce jardin dont « nous avons la garde », nous rappelle le philosophe. Il s'agit donc dès aujourd'hui de retisser les liens altérés, mais aussi d'en imaginer de nouveaux : en effet, le monde qui vient ne sera ni celui des grandes utopies futuristes et technophiles mues par l'idée d'un avenir radieux, ni celui des récits agrestes nourris de la nostalgie d'un paradis perdu. Le monde reste encore à penser. Mais ici, point de table rase à imaginer. Le monde de demain sera celui qui se nourrira du *déjà-là*. Remembrer nos territoires, raser nos villes ou reconstruire nos édifices ne sont plus des moyens à l'ordre du jour. Au contraire, voici venu le temps de ceux qui concilient, qui font avec, qui récupèrent, qui dialoguent. Voici le temps des « jardiniers », des « soignants », des « cultivateurs », de toutes celles et tous ceux qui sèment, plantent, arrosent, greffent, nourrissent et qui tissent les liens nécessaires entre le bâtir et le penser au service d'une terre vivante et habitable.

***

L'agence Alphaville

—

Laurent Pinon, directeur associé

Alphaville est une agence d'urbanisme spécialisée dans la stratégie territoriale et la programmation urbaine et architecturale. Depuis trente ans, l'équipe qui la compose est faite de générations qui se succèdent, échangent et se transmettent à tour de rôle des points de vue, des méthodes, des modes de vie ; chacune et chacun apportant un fragment de son territoire, qu'il soit matériel, familial, vécu ou rêvé. L'équipe partage un attachement profond aux espaces qu'elle parcourt à travers les études qu'elle mène en France métropolitaine et d'outre-mer, en Belgique, au Luxembourg… Si les missions sont menées sur de courtes durées, l'horizon de la prospective s'échelonne lui sur plusieurs dizaines d'années. Appréhender le passage du temps et comprendre les géographies qui composent les territoires sont des fondamentaux de l'état d'esprit de l'agence Alphaville.

Soutenir la démarche engagée par Terre Urbaine autour de l'écologie et des territoires allait donc de soi. L'initiative ambitieuse de donner la parole à cette jeunesse qui représente l'avenir est un acte fort pour affirmer que le devenir des territoires mérite d'être pensé pour et avec les générations qui les vivront et les constitueront. Nous souhaitons que ces jeunes générations poursuivent leurs engagements pour un monde plus écologique, et espérons qu'ils se joindront aux efforts de ceux qui les précèdent pour apaiser et ménager les territoires.

***

Le Bureau économique de la province de Namur

—

Renaud Degueldre, directeur général

Le BEP est l'agence de développement du territoire namurois (Belgique), dans une dynamique productrice d'activités et d'emplois durables, stimulant l'innovation et la différenciation auprès des entreprises et des pouvoirs locaux. À ce titre, il est le partenaire des communes et des petites et moyennes entreprises dans le développement de leurs projets. Stimuler la cohésion entre les territoires, dans toute leur diversité et avec toutes les richesses qui les composent, c'est l'une des missions du BEP. Puisse cet ouvrage, qui porte avec brio la voix de ces territoires, contribuer à les rendre plus résilients face aux nombreux défis de ce siècle.

***

La Fondation d'entreprise ANMA

—

Anne-Laure D'Artemare, présidente

Depuis 2019, la Fondation d'entreprise ANMA soutient, accompagne et promeut divers projets préservant les biodiversités. Elle explore l'incidence des problèmes écologiques, économiques et sociaux sur la fabrication de la ville et propose des pistes pour habiter le monde autrement.

En s'associant à la maison d'édition Terre Urbaine dans le cadre du concours de nouvelles littéraires « Écologie & territoires », la Fondation affirme son soutien à la mise en action de la jeunesse en faveur de la protection de nos écosystèmes. Donner la parole aux futures générations c'est participer à sa sensibilisation pour lui permettre de se préparer dès aujourd'hui à répondre aux enjeux environnementaux et territoriaux de demain. Concevoir avec le déjà-là, préserver les terres fertiles, réduire l'empreinte carbone de chacune de nos opérations, sont autant de leviers incontournables aujourd'hui pour réinventer l'aménagement du territoire.

***

Intencité, la ville à hauteur d'Homme

—

Alexandra Bouftane, Nicolas Bonnefoy, Ulrich Soudek, directeurs associés

Nous, Intencité, croyons que les rez-de-chaussée façonnent la ville. Ils sont le socle de toutes les réussites : économique, humaine, sociétale. La ville désirable, vivante et sûre, la ville de l'échange et des rencontres passe par les rez-de-chaussée. Articulant une approche in situ (site), une approche sensible (usages) et une approche analytique (bigdata), nous concevons des villes à hauteur d'Homme et révélons l'attractivité des territoires. Intencité propose un conseil stratégique, des outils exclusifs (Dotz, concertation, AMO) et des formations pour faire vivre vos rez-de-chaussée durablement.

Passionnés par des villes qui devraient être faciles à aimer et faciles à vivre, impliqués dans des actions visant à donner leur chance à de jeunes auteurs, comme à de jeunes professionnels, nous sommes heureux de soutenir le Jeu Concours des Nouvelles Littéraires « Jeunes auteurs Écologie & territoires » portés par Terre Urbaine.

***

L'agence Vizea

—

François-Xavier Monaco, Président de Vizea

L'imaginaire au service des territoires

—

Comprendre nos territoires d'aujourd'hui pour façonner ceux de demain, appréhender notre avenir planétaire et lui proposer des destinations possibles est une ambition que Vizea partage avec Terre Urbaine. Notre participation à l'édition de cet ouvrage s'inscrit dans notre volonté de faire prendre conscience de l'urgence de penser écologie quand on parle de territoires et l'absolue nécessité de mettre la société en action.

Créer les territoires de demain, capables de répondre aux enjeux du réchauffement climatique, de la chute brutale de la biodiversité et du franchissement dangereux de nos limites planétaires est la raison d'être de Vizea. Avec ces nouvelles, les auteurs ont déployé leur imaginaire au service de notre avenir commun. Merci à eux et bonne lecture !

***

L'agence XMU

—

Xavier Mariage, Directeur fondateur

XMU-urbanistes est une agence d'urbanisme basée à Namur, en Belgique, qui aide et accompagne les maîtrises d'ouvrage dans la mise en œuvre de leurs projets urbains. Elle prépare et crée les outils territoriaux et de planification qui guident leur réalisation. L'agence XMU-urbanistes a été créée en 2016 et se compose de six collaborateurs. Elle poursuit un objectif de croissance raisonnée de quelques collaborateurs en plus.

[LES AUTEURS]

Emma Delages, 35 ans

—

Diplômée en architecture ayant plusieurs années de pratique en France et à l'étranger en tant que spécialiste en physique du bâtiment, Emma Delages se dirige vers la conduite d'opérations de développement immobilier dans le cadre de la gestion d'un patrimoine urbain destiné à la restructuration lourde.

Mathéo Fradet, 29 ans

—

Diplômé de l'École nationale d'architecture de Paris-La Villette, Mathéo Fradet s'est d'abord installé en Allemagne, où il a travaillé sur des projets de réemploi et d'architecture éphémère. Puis il s'est rendu en Dominique et en Tanzanie avec des ONG pour des missions d'urgence et des chantiers de reconstruction, avant de revenir en France. Actuellement dans les Alpes, il se forme à la charpente, en alternance, avec les Compagnons aux Grands Ateliers et au Labo Bois à Grenoble en construisant des maisons passives à partir de matériaux biosourcés ou en réalisant des rénovations thermiques. Il s'intéresse également au street art en développant une approche graphique des espaces publics.

Gabriel Guérin, 25 ans

—

Ingénieur assistant à maîtrise d'ouvrage, Gabriel Guérin termine actuellement un master d'architecture après avoir participé pendant un an à un programme de recherche sur les formes urbaines et la biodiversité. Il développe notamment un projet d'insertion d'habitats démontables dans des ruines, qui lui semble une des réponses possibles pour trouver une place plus juste sur la Terre et par rapport au vivant.

Juliette Hazard, 23 ans

—

Étudiante en stratégies territoriales et urbaines à l'École urbaine de Sciences Po Paris, Juliette Hazard a travaillé en Australie pendant un an, avant d'entreprendre un tour de France à vélo avec l'idée que l'on peut se dépayser non loin de chez soi. Pendant ses voyages, elle a pris des notes et dessiné, s'intéressant aux paysages et aux gens qui les habitent.

Laura Iapadre, 26 ans, premier prix

—

Après avoir suivi un parcours littéraire en hypokhâgne et khâgne, Laura Iapadre a achevé une formation en master à l'Institut de management et de communication interculturels puis à l'École des hautes études en sciences de l'information et de la communication (CELSA), avant de commencer une carrière dans les ressources humaines. Elle écrit pour son plaisir, espérant poursuivre dans l'écriture, la création, et voyager, ici ou ailleurs.

Félix Lacoin, 26 ans

—

Après avoir suivi des études en architecture et urbanisme, Félix Lacoin est depuis peu salarié d'une agence d'architecture située à Crest dans la Drôme. Intéressé par plusieurs thèmes autour de la géographie et de l'écologie, il fait partie d'une association, Hameaux Légers, qui œuvre pour des territoires plus vivants et pour une meilleure intégration des humains par le développement d'habitats légers écologiques et abordables.

Nicolas Parisi, 28 ans

—

Après des études d'ingénieur, Nicolas Parisi a décidé de se tourner vers sa passion et d'étudier la littérature. Il a travaillé dans la restauration, le secteur bancaire, en tant qu'ingénieur d'affaires ou encore veilleur de nuit avant de se lancer dans une activité de création d'ateliers d'écriture avec un ami de longue date.

Il a créé un site web sur lequel il publie des articles et développé un ensemble de services pour aider les jeunes écrivains à progresser.

Clémence Prévost, 29 ans

—

Diplômée en architecture depuis 2016, Clémence Prévost été formée à l'École nationale supérieure d'architecture et du paysage de Bordeaux et à l'université technique de Munich. Elle travaille aujourd'hui au sein d'une agence d'architecture nantaise.
Elle est par ailleurs danseuse et aime mettre en récit les lieux, les villes, les paysages qu'elle arpente. C'est à la suite d'un voyage au long cours dans les paysages de polders des Flandres flamandes et sur les côtes de la mer du Nord qu'elle a décidé d'écrire sa nouvelle.

Isabelle Schwengler, 34 ans

—

Juriste de formation, Isabelle Schwengler a travaillé près de six ans au service du ministère des Affaires étrangères, dans le domaine de la coopération internationale. Dans ce contexte, elle a été amenée à vivre notamment en Asie du Sud-Est et en Europe de l'Est. Elle réside désormais à Bruxelles, où elle s'oriente vers de nouveaux projets.

SOMMAIRE

Génération T pour la Terre

Éditrice
Anne-Solange Muis

Relecture
Laure Bourgeaux
Laure Dupont

Conception graphique
Jean-Charles Bassenne

Fabrication
Judith Potin

Cet ouvrage a été composé en Atlas & Lyon (Kai Bernau, *Commercial Type*), Garaje (Thomas Huot Marchand, *205TF*) et achevé d'imprimer sur les presses de Jelgavas Tipogrāfija en mai 2022.

ISSN : 2779-4849
ISBN : 978-2-491546-13-7
Dépôt légal : mai 2022

Terre
Urbaine